好玩的国学

HAOWAN DE GUOXUE

趣读 孟子

文溪◎著

陕西新华出版

未来出版社

图书在版编目（CIP）数据

穿越历史趣读孟子 / 文溪著 . -- 西安 : 未来出版
社 , 2019.6（2023.6 重印）
ISBN 978-7-5417-6721-0

Ⅰ . ①穿… Ⅱ . ①文… Ⅲ . ①儒家②《孟子》—通俗
读物 Ⅳ . ① B222.5-49

中国版本图书馆 CIP 数据核字 (2019) 第 064374 号

好玩的国学
HAOWAN DE GUOXUE

穿越历史趣读孟子
CHUANYUE LISHI QUDU MENGZI

出 品 人	李桂珍	选题策划	陆三强　马　鑫	
文字统筹	高　安	责任编辑	马　鑫	
技术监制	宋宏伟	发行总监	何华岐	

出版发行　未来出版社（西安市登高路 1388 号）

印　　刷　西安五星印刷有限公司

开　　本　880mm×1230mm　　1/32

印　　张　8.5

字　　数　165 千字

版　　次　2019 年 7 月第 1 版

印　　次　2023 年 6 月第 2 次

书　　号　ISBN 978-7-5417-6721-0

定　　价　35.00 元

　　《穿越历史趣读孟子》用通俗易懂的当代语言讲述了孟子刚健有为、积极进取的一生，生动形象，妙趣横生，既有强烈的时代气息，又不失历史的厚重，是一本相当不错的讲述孟子其人其说的通俗读物。

　　该书立足于《孟子》本身，以《孟子》文本为依托，参合史料，参酌民间传说，如孟母三迁之教等，汲取学术界研究成果，内涵丰富，意味隽永。作者在讲述孟子其人其说的过程中，不时穿插自己风趣的发挥、机智的调侃，使严肃的话题变得生动活泼、意趣盎然。这些发挥和调侃虽是作者个人心得，但并非天马行空的主观臆断，大多都有充足的学理依据。

　　孟子一生经历、孟子思想学说是该书的两大中心。

　　作者撷取孟子一生经历中的典型事件，生动展示了一个有血有肉的孟子形象：心怀天下，淑世救民；既刚直不阿、守正不屈，而又率真意气，嬉笑怒骂形于色。作者认为：孟

子崇尚"富贵不能淫，威武不能屈，贫贱不能移"的大丈夫，是"蒸不烂煮不熟捶不扁炒不爆响当当一粒铜豌豆"；在诸侯国君面前，孟子秉持"贤尊于势"的原则，"就像一个怒发冲冠的斗士"；孟子"不仅是温情脉脉的民本主义者，主张君主要推恩于百姓，制民之产教民以义，还是一个坚定的和平反战的斗士"。穿越时空，我们看到的孟子，"是一个心怀天下、雄辩滔滔，又有点滑头，还有点可爱的孟子"。毫无疑问，该书为读者勾勒的孟子这一形象，与《孟子》中的孟子高度吻合，而非虚饰。

该书对孟子思想的介绍，多引《孟子》相关原文，以白话译出，再加串讲。虽然也时时附以作者己意，但大都忠实原文，保证了所讲内容的可信性。

该书认为孟子的仁政和王道，是建立在孔子"仁者爱人"思想和他本人"性善论"基础上的美好的理想，这种制度设计要求君主有仁爱之心、有推恩之愿，要求君主心中真正以

民为本；在战国的刀光剑影疾风暴雨中，孟子的仁政王道难以实现，但孟子思想中浓烈的民本意识和先富后教的思想，对后世影响深远，让王道理想成为抗衡霸道思想的另外一种政治理想，虽然从未实现，但必将永远闪耀光芒。该书的这些认识和理解可谓深得孟子思想之真要。

总体而言，该书把握了孟子思想精髓，并用浅近形象的语言娓娓道出，可读性强，是一本高质量的文化普及通俗读物。

周淑萍

（陕西师范大学文学院教授，博士生导师，古典文献暨辞书编纂研究所所长）

第十一章　性命之道

第一章

春秋五霸：争霸是个面子问题！

孟子是战国时期伟大的思想家、政治家和教育家。他是孔子的"铁粉"。孔子创立了以"仁"为核心的儒家思想；孟子继承和发展了孔子的思想，他们并称为"孔孟"，是儒家思想的两座高峰。如果说黄皮肤、黑眼睛是炎黄子孙生理特征的话，孔子和孟子则是中华民族心理文化的主要塑造者。

孟子出生在战国时期，那是个战乱最频繁、思想最自由、文化最灿烂的时代。

孟子说，"颂其书，读其诗，不知其人可乎"，意思是说，吟咏他们作的诗，读他们的书，不了解他们的为人，是不行的。所以要读懂孟子，我们就要好好了解下春秋战国时代。

两个谎言毁掉一个国家

公元前 1046 年，商朝迎来致命一击。悄然崛起于陕西黄土高原上的周族军队，在周武王的统帅下，一举攻克商朝国都

朝歌。而自认为有上天护佑的商纣王，走投无路之际，只能一把火把自己烧死。

其实，商纣王并非如人们所说的那样不堪。他曾经聪明有为能言善辩，身材魁梧天生神力，要不是后来在权力的诱惑下变坏，那就是妥妥的"男神"。"有权就任性"的商纣王最终玩火自焚身死国灭，商朝灭亡周朝建立。

商纣王姓子名辛，登基后又叫帝辛；他还有个名字叫子受，听着有点自作自受的隐喻。"纣"是他的正式谥号。谥号有两种形式，一种是官方对古代君主、诸侯、有名望的大臣死后的评价，叫官谥；第二种是民间对一些因为官职不高但品行高尚或者干脆是隐士的人死后的评价，叫私谥。比如陶渊明辞官后一直"采菊东篱下"做隐士，死后没有资格获得官方的谥号，于是民间就给了他"靖节征士"的谥号。谥号又有表扬型、同情型和批评型。一些如文、武、景等好的字眼，属于表扬型；炀、厉、灵这样的贬义词，属于批评型；还有如哀、怀等，则寄寓了后人深深的同情。而商纣王的"纣"字，一种说法是"残义损善曰纣"，还有一种说法是"贼仁多累曰纣"，总之，说商纣王破坏了仁义不是好人。

帝王的后代们也希望祖上多享受些好字眼，于是谥号越来越长，如唐太宗李世民的谥号是"文武大圣大广孝皇帝"。但还有更长的，清太祖努尔哈赤的谥号是"承天广运圣德神功肇纪立极仁孝睿武端毅钦安弘文定业高皇帝"，肺活量不大的人，一口气读完可能会憋死。

周朝建立后，周武王的首要任务是治理国家。周族并不大，管不了那么大的地方，干脆见者有份，把土地分封给同姓子弟、异姓功臣和古代帝王的后代，让他们建立小诸侯国，这叫"分封"制。当时周王室威风八面，诸侯国都要听从王室的号令。发生战争就派兵，发生饥荒要送粮，年终考核来述职，逢年过节要进贡送礼。刚开始，诸侯国对周王室感恩戴德，但等诸侯国国君的儿子、孙子们掌权时，他们与周王室的关系，无论是血缘还是感情，都已经清淡如水了。诸侯国的势力越来越大，闹独立的欲望也越来越强；周王室的地盘越来越小，小到周天子打猎一不小心就跑到别人的国土上去；来进贡的诸侯越来越少，周王室的钱袋子越来越瘪。原来万民景仰的周天子，现在成了可有可无的"路人甲"了。

处于水深火热中的周王室，又摊上个不肖子孙周幽王。周幽王没有大本事，就是很幽默。他有个宠妃叫褒姒，是个"冷美人"，说不定还是个"面瘫"，因为她从来没笑过。周幽王做梦都想看"冷美人"笑一次。于是，他命人点燃烽火，告诉各路诸侯，国都出大事了。诸侯们带着千军万马浩浩荡荡赶到城门之下时，周幽王正和"冷美人"站在楼上看风景呢。周幽王告诉大家，回去吧，逗你玩呢。看着诸侯被捉弄的样子，褒姒笑了。后来周幽王又命人点燃烽火，诸侯们又带着千军万马心急火燎地赶来了，褒姒花枝乱颤，周幽王前仰后合，大手一

3

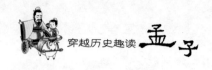

挥说，回去吧，逗你玩呢。

犬戎的军队来了，兵临城下之时，周幽王命人点燃烽火，召唤诸侯救驾，结果连鬼影子都没有见到。"冷美人"笑了，周幽王死了。这就是"烽火戏诸侯"的故事。当然，你也可以说它是"笑死人"的故事。

在晋、卫、秦国等诸侯的护送下，周幽王的儿子周平王将国都由镐京迁到东都洛邑。从此，之前的周朝被称为西周，之后的周朝被称为东周，中国历史进入了春秋时期。

争霸，是个面子问题

　　周王室东迁之后，迅速衰落下去。诸侯越发不把周天子放在眼里，要我进贡，不高兴；要我朝拜，我没空。总之，在诸侯眼里，周天子就像端坐神庙的神像，需要时拜一拜，不需要一边凉快。

　　周王室越来越穷了，穷到办不起一场体面的葬礼。周平王死后，他的孙子桓王继位。桓王想给爷爷办个隆重的葬礼，但囊中羞涩，只好向素来文质彬彬的君子之国鲁国借钱。周天子原来有六军，因为没钱发给养，一下子跑了五军。王室的地盘被各诸侯国不断蚕食，只剩下首都洛邑附近的地方。唯一让周天子感到欣慰的是，诸侯打架还扛着"尊王攘夷"的旗号。"尊王"是承认周天子名义上号令天下的地位，这让周天子很开心，虽然是虚名，但起码受到了尊重。"攘夷"是阻止中原以外的异族侵略，比如西方的犬戎——毕竟这些野蛮人把西周给灭了，搞得周天子无家可归。比如南方的楚国——他们长期游离在中原文化之外，被称为"蛮夷"。在中原诸侯国的眼里，他们属于不是纹身就是不穿衣服的野蛮人。当然，各诸侯国"尊王"是假的，"攘夷"同样如此，称霸才是真正目的，毕竟做老大是倍有面子的事情。

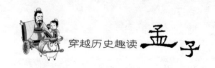

春秋第一霸：齐桓公

　　春秋时期第一个争霸的是齐国的齐桓公。齐国位于现在山东东部，濒临黄海，始祖是辅佐周武王推翻商朝的功勋将领姜尚，就是《封神演义》中姜子牙的原型。齐桓公继位后，一心争霸，在管仲的策划下，打出了"尊王攘夷"的旗帜，到处大打出手。公元前663年，山戎进攻燕国，齐桓公立即率领军队，把山戎打得像丧家之犬，燕庄公为了感谢齐桓公，拉着齐桓公的手，一不小心越过了燕国边境进入齐国境内。齐桓公按照当时外交规则，把燕庄公踏进齐国的那片土地，全部送给了燕国。从此之后，就多了一个唯齐桓公马首是瞻的小弟。后来，齐桓公又不失时机地保护了刑、卫等弱小的诸侯国，这些小国自然感恩戴德，齐国成了诸侯国中的老大，甚是拉风。

　　齐国牛起来了，南方的楚国很失落。在楚国看来，齐国把自己一帮小弟都带跑的行为，是赤裸裸地"挖墙脚"。楚国就去攻打原本是自己的小弟后来跟了齐国混的郑国。齐桓公带着一帮小兄弟，联合讨伐楚国，楚国大败。齐桓公指责楚国不守规矩，没有向周王室进贡苞茅，楚国只好乖乖地进贡，搞得一时间楚国上下不种地了，全国人民都去割苞茅。公元前651年，齐桓公召集各国诸侯在葵丘（今河南兰考）开了一次"国际会议"，周王室也派代表参加。在会上，周王室很识趣地表彰了齐桓公的丰功伟绩，授予他"周王室和平奖"。齐桓公成为春秋时期最先称霸的君主，虚荣心得到极大满足。

晋文公的霸业

晋文公也想称霸。晋文公重耳大半生坎坷多难，在争夺王位的过程中，不断在流亡，后来逆袭上位成为国君。他任用贤良，整顿国政，国力迅速强盛起来。机会总是青睐有准备的人，周襄王被胞弟王子带勾结狄人赶跑，流亡在外。晋文公对流亡的苦楚感同身受，深知这是建立霸业的绝佳机会，便约会诸侯，打垮王子带，把襄王送回王都，拉开了称霸的序幕。

一山不容二虎，晋国和楚国争夺霸主地位，打了好多年。公元前632年，晋楚在城濮大战，楚军惨败。晋文公在践土（今河南郑州西北部）召集各诸侯国开会，很显然要诸侯国给个面子，承认他的霸主地位。晋文公不仅要诸侯参加，还发了"会议通知"，让周天子也来开会。按理说这种事情，周天子只要发个"贺电"就可以，但周天子很清楚自己的处境，只好亲自赶来开会，并无可奈何地册封晋文公为"侯伯"，正式承认了他霸主地位。对此，特别讲究上下尊卑等级秩序的孔子很不满意，于是在《春秋》中用"春秋笔法"说，周天子到河阳巡狩，晋文公率诸侯朝见周天子，算是给周王留了一点面子。

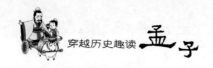

养马的秦国终于雄起

眼看着大家都争霸，偏居西北一隅的秦国也不甘寂寞。在此之前，秦国已经"凉凉"了好几百年。与齐、晋、鲁等诸侯国相比，秦国出身低微。人家诸侯国的先祖不是功勋卓著的大臣，就是周王室的子孙，而秦国的先祖就是一个养马的。因为养马技术高超，被周王室分封在秦。直到周平王东迁时，秦襄公因派兵护送周平王有功被封为诸侯，秦国才正式成为周朝的诸侯国。秦国祖上是地位卑微的"弼马温"，一直被中原诸侯国看不起，好多事情都不带秦国玩。到秦穆公时，秦国国势逐渐强盛，也想东进中原，尝尝做霸主的滋味。

晋国正如日中天，秦国要争霸，必定要过晋国这一关。秦晋先结成"秦晋之好"，后来又秦晋不好，撕破脸皮长期互掐，但秦国始终没有占到便宜，东进之路被牢牢掐死。秦穆公只好把称霸方向转向西方，先后灭掉了戎族建立的一些小国家。历史记载说"兼国十二，开地千里，遂霸西戎"，奠定了几百年后秦国逆袭统一六国的基础。

一鸣惊人楚庄王

楚国位于长江和汉水流域，起初是个方圆不过五十里的小国，在楚国先祖的带领下，筚路蓝缕艰苦创业，国势逐渐强盛，成为春秋时期中国南方强大的诸侯国。但楚国和秦国一样，长期游离在中原文化圈之外，被周王室和中原诸侯国看成蛮夷，像诸侯会盟这种"国际会议"，楚国也经常参加，但没资格开会，只能去做服务大会的志愿者。诸侯会盟，楚国国君只能去守门；诸侯喝酒，楚国国君只能在厨房垂涎三尺看别人推杯换盏，搞得楚国很没有面子。在逐步强盛起来后，楚国称霸野心爆棚，和周王室发生过一系列冲突，周王室派兵讨伐，也无可奈何。

到了楚庄王时期，楚国国势更加强盛。楚庄王长相粗豪性格暴烈，和楚国的先祖火神祝融一样，经常一身红衣，像周星驰电影里的"火云邪神"。楚庄王继位后，整日花天酒地。一个叫伍举的大臣，问楚庄王，楚国有一只大鸟，三年不飞也不叫，这是什么鸟。楚庄王一想，这不是讽刺自己是"鸟人"吗？楚庄王当然不愿做"鸟人"，他要做翱翔中原大地的大鹏。楚庄王告诉伍举说，我知道了，这只鸟"不鸣则已，一鸣惊人"。从此楚庄王奋发图强，把国家治理得更加强盛。由此可见，"三年不叫"只是楚庄王的装疯卖傻而已。而装疯卖傻是帝王治理国家的惯用手段，后来战国时期的齐威王也曾经用过这一招。

公元前606年，楚庄王率兵进攻陆浑戎，在周王室的国都近郊，举行了一场规模浩大的阅兵仪式。志满意得的楚庄王很关心象征周王室权力的九鼎，问九鼎有多重有多大。看那意思，

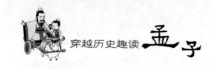

很想把九鼎给搬回家。这说明，楚庄王早已不把周王室放在眼里，有取而代之的野心。

楚庄王先后打败了陈、郑、晋等国，终于饮马黄河，雄视北方。和那些大国一样，楚庄王也召集了一批诸侯国开会，要求他们承认楚国的霸主地位。虽然老牌霸主晋国和齐国不同意，但也无力阻止，楚国终于称霸。

谍影重重之馆娃宫魅影

晋国和楚国的争霸，最后演变成"代理人战争"。通俗地说，晋国扶持一个小弟专门和楚国捣乱，楚国也扶持一个小弟，专门和晋国的小弟捣乱。晋国的小弟是吴国，楚国的小弟是越国。在春秋后期，当齐、楚、晋和秦国都已经筋疲力尽，争霸的主角变成了吴国和越国。

吴国和越国位于长江下游的江浙地区，现在是中国经济最为发达的地区，而在春秋时期，这块地方被称为"蛮夷之地"。越国人喜欢纹身，一副"古惑仔""放荡不羁爱自由"的样子；而吴国人更是好勇斗狠，打起仗来连自己都怕。公元前514年，吴王阖闾登上王位，任用从楚国逃过来的伍子胥和著名军事家齐国的孙武，国势逐渐强盛起来。公元前496年，吴王阖闾率兵攻打越国，刚登上王位的越王勾践率兵迎战。越王勾践果然够狠，打不过你，那就吓死你，竟然派了一大批死刑犯在两军对垒时集体自杀, 这一招果然吓坏了吴军, 趁吴军分心之际, 越军袭击了吴军并打伤吴王阖闾, 导致阖闾伤重而亡。

吴王夫差继位后, 时刻不忘复仇, 他早上起床的方式很特别, 让人每天问他, 你忘记勾践的杀父之仇了吗? 在复仇心理的激励下, 公元前494年, 也就是夫差继位两年后, 吴国占领了越国的国都。越王勾践在著名谋士范蠡的建议下, 以重金和美女贿赂吴国太宰伯嚭。拿人手短吃人嘴软的太宰伯嚭, 嫉妒伍子胥的军功, 极力怂恿夫差同越国讲和。被胜利冲昏头脑的夫差, 把杀父之仇抛在脑后, 杀了伍子胥, 同意放过越国一马, 条件是越王勾践来给自己牵马, 为父亲阖闾守墓。越王勾践绝对算得上 "影帝" 级演员, 尽心尽责地扮演奴隶的角色, 成功迷惑了夫差, 三年后勾践被夫差放虎归山。

勾践回国后, 也像夫差一样, 时刻提醒自己不忘耻辱。他不睡大床睡草地, 叫 "卧薪"; 身边放一个苦胆没事时拿出来舔两口, 叫 "尝胆", 告诫自己牢记三年奴隶的耻辱, 带领国家开始重建工作。同时派出中国历史上最美的间谍西施前往吴国, 以美色引诱夫差。夫差得到西施之后, 感觉拥有了全世界, 专门在太湖湖畔修建了馆娃宫。有了美女荒了国事, 忘记了卧榻之侧还有个昔日的奴隶在虎视眈眈。

夫差没有把越国放在眼里, 他紧盯着晋国。公元前482年, 吴王夫差率兵北上, 与晋国争夺盟主地位。在黄池大会诸侯, 史称 "黄池之会"。晋国国内政局不稳实力不济, 只好承认夫

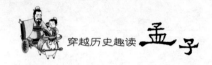

差的霸主地位。夫差朝思暮想成为霸主的愿望终于实现。

公元前 473 年，越国趁吴国常年战争国力疲弱，发动第二次攻击，夫差最终兵败求和。傻子都知道越王勾践当然不会同意，夫差羞愤自杀，吴国灭亡。

对于霸主们来说，争霸是面子问题，而对于人民来说，却是如何活下去的问题。本书的主人公孟子是个坚定的和平主义者，他强烈反对不义战争，把春秋争霸称为"春秋无义战"，认为那些争霸的君主就是历史的罪人，是假借仁义的小人，恨不得把他们全抓起来判刑，因为他们发动的战争，让生灵涂炭百姓遭难。

第二章

战国七雄：来互相伤害啊！

春秋时期，在"尊王攘夷"的旗帜下，各诸侯国相互杀伐，其实就是想做个霸主耍威风，顺便捞点土地和人民的实惠，这属于满足虚荣心的荣誉之战。而战国时期，各国争霸战争逐步升级，从小打小闹到大打出手，从局部战争到全面战争，从荣誉之战发展到生死之战。经过近300年的战争，好多小国被灭掉，剩下齐、楚、燕、韩、赵、魏、秦雄心勃勃七个大国。按照国强必霸的"修昔底德陷阱"理论，七大诸侯国开始了你死我活的吞并与反吞并之战。所以，这个时期在历史上被称为"战国"。而"战国"一词，一般认为来自于西汉刘向主编的《战国策》。顾名思义，这是一个战乱频发、生灵涂炭"打群架"的时代。

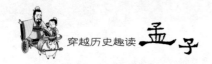
城头变幻大王旗

春秋晚期，周王室的权力一如既往地衰落下去，没有人在乎周天子的落寞，只是在发动争霸战争时，还会想起他，因为需要扛着"尊王"的大旗以师出有名。其实，各诸侯国国君的日子也并不好过。诸侯国内部为了争夺权力，儿子杀老子、大臣杀国君的现象层出不穷。

这是一个权力金字塔被彻底翻转的时代。诸侯国的国君是小木偶，周天子是大木偶，而控制木偶的线掌握在诸侯国的家臣手里。鲁国最有权势的大臣季孙氏，有一次动用了 64 个人的"歌舞团"，在自己家开"演唱会"，这明显是对政治秩序的挑战。因为"周礼"规定，只有周天子才有享受"八佾（yì）"即 64 个人的歌舞团的资格；诸侯国国君只能享有"六佾"即 48 个人的规模，像季孙氏这样的卿大夫只能拥有 32 个人。而季孙氏完全参照周天子的标准，这是赤裸裸要造反的节奏。所以，一向温文尔雅的孔子大为光火，说"八佾舞于庭，是可忍孰不可忍"。但这就是春秋晚期从"礼乐征伐自天子出"到"礼乐征伐自诸侯出"再到"陪臣执国命"的血淋淋的事实，孔子不能忍也得忍。

鲁国的季孙氏不过是超标准搞了一场"演唱会"而已，起码没有把鲁国给灭了。而春秋时期老牌强国晋国和齐国的命运，就"悲催"多了，晋国直接被手下的三家卿大夫瓜分了，而齐国虽然还叫齐国，但国君的姓氏都改了，国家落入他人之手。

齐国是春秋时期最早的霸主，多年以后已成明日黄花。齐桓公最早称霸，结局却最为悲惨。喜欢吃肉甚至是人肉的他，晚年竟然被他最宠爱的人囚禁在宫里活活饿死。而陈国一个流亡公子却上演了逆袭的神话。陈国公子陈完在国内不得志，跑到齐国申请政治避难，齐桓公任命他为"工正"，管理全国的工匠。陈完到了齐国改名为田完。经过很多代发展，田氏家族逐渐强大，最终田和掌握了实际权力。田和还很谦虚，不好意思自己称侯，就邀请当时红得发紫的魏国国君魏文侯，请周天子"喝茶"，周天子无奈承认田和为齐侯，从此，原来姓姜的齐国，变成了姓田的齐国。这种被庄子称为"窃国者诸侯"的行为，史称"田氏代齐"。

晋国是春秋时期的老牌霸主，但国内政治斗争血雨腥风。晋国六家卿大夫的实力不断做大，经过多年的斗争，六家变成了智、魏、韩、赵四家。其中智氏一家最为强大，其带头人智伯觉得自己长得特帅，又姓智，想当然认为自己是英俊与智慧并存，就想直接干掉那三家一统晋国。这个特别自恋的人，最后被其他三家联合灭掉。灭掉智家之后，魏、韩、赵三家干脆吞掉了晋国，从此，老牌霸主被肢解，出现了魏、韩、赵三个国家，这就是历史上的"三家分晋"，它象征着更加混乱的战国时代的到来。

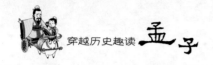

再不变法就OUT了！

战国时代，各诸侯大国撕开了"尊王"的伪装，无情地抛弃了尊礼重信的传统伦理，不再满足做霸主了，而是取代周王室吞并天下，成就"王者荣耀"。大国求统一天下，小国想苟且偷生，但总免不了被大国吞并的厄运。这是一个在腥风血雨中大搏斗的时代，也是在改革中竞争、在改革中进步的时代。因此，各国都力求富国强兵修明内政，走上改革之路。

率先改革的是魏国。从晋国独立出来后，魏国的地缘安全优势一下子变成了劣势。向西是实力强大的"西毒"秦国；往东是"东邪"齐国和"傻傻的"但实力强大的宋国；南面是"南帝"楚国；向北是"北丐"赵国，像这样的形势，王重阳来了也没有办法。魏国所处的地理位置，被称为"四战之国"。四面受敌，国家安全形势十分严峻。

雄才大略的开国之君魏文侯开启了率先改革变法的进程。他尊重人才，而魏国恰恰是各类人才聚集的大本营。孔子的弟子子夏，当时正在魏国办学，学校里有段干木、田子方等一批优秀的学生。魏文侯首先拜子夏为师，倡导"贤重于贵"的理念。他又多次屈尊拜见著名隐士段干木，但段干木很清高，魏文侯一来，他就跳墙逃跑，魏文侯想追也追不上。

但魏文侯毫不在意，每次路过段干木家，总要毕恭毕敬行注目礼。魏文侯以礼贤下士的风范，为魏国聚集了一大批人才，开始了变法运动。著名法家代表人物李悝主持变法，改革政治奖励耕战；著名军事家吴起训练虎狼之师；著名水利专家西门豹治理邺城，把几个巫婆扔进河里喂河神，革除巫风；著名将领乐羊，付出吃掉自己孩子的代价，灭了中山国。改革变法让魏国迅速强大起来。魏国四处出击，相继打败秦、楚、齐等国，成为战国早期最强大的国家。

吴起：冷血的政治动物

魏文侯死后，吴起失去了靠山。虽然功勋卓著，但没了魏文侯的支持，国内反对变法的势力明枪暗箭齐发，欲置他于死地，吴起只好逃往楚国。

吴起是标准的"政治动物"，在功名富贵面前，亲情不值一提。吴起本来是卫国的"富二代"，为了做官把万贯家产挥霍殆尽，乡里人都取笑他是"官迷"，吴起一气之下杀了三十多人，逃往鲁国。临走前告诉母亲，要是做不到卿相，永远不回来。

鲁国是儒家学说的发源地，孔子的高足曾子的儿子曾申此时正在鲁国办学，吴起投到他门下学习儒家学说。母亲去世了，吴起也没有回国奔丧，这让老师很不高兴。儒家强调

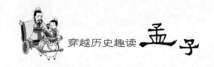

人首先要爱自己的父母，这叫"孝"。而曾申的老爸曾子更是著名的大孝子，在临死之前还让人看看自己的手脚有没有坏掉，因为"身体发肤受之父母"，手和脚坏掉了，是对不起父母，就是"不孝"。儒家认为养生和送死是人子的最大职责，按照周礼的规定，父母去世人子要回去守丧三年。吴起不仅没有守丧，竟然连家也没有回，曾申很不高兴，干脆开除了吴起。好在战国初期百家蜂起，到处都有私人办学，吴起干脆去学更加实用的兵法。

齐国和鲁国是近邻，但关系很僵，一言不合就干仗。齐强鲁弱，所谓的干仗，其实就是鲁国整天挨揍而已。鲁国国君听说吴起精通兵法，就想任命他为大将，对抗齐国。但吴

起一家是移民，且背景复杂。吴起是卫国人，妻子是齐国人，没人相信吴起会替鲁国带兵攻打齐国，毕竟那是他老丈人的父母之邦。但吴起果然够狠，吾爱吾妻吾更爱权力，干脆杀妻明志，顺利地当上了鲁国大将。

吴起带兵打败了齐国。但鲁国国君还是心有余悸地认为他太狠，不敢重用，吴起只好逃往魏国。魏文侯认为吴起虽然冷血，但是个军事天才，就任命吴起为大将，经略多年，之后镇守河西。吴起在河西苦心经营二十多年，为魏国训练出一支虎狼之师，维护了魏国的安全局面。但魏文侯一死，吴起失去了靠山，只能逃往楚国。

昙花一现的楚国改革

春秋时期，楚国曾经是当时中国南方最强大的国家之一。但到了战国初期，国家迅速衰落下去。国内腐败丛生，百姓生活更加困苦。吴起的到来，又一次点燃了楚悼王的梦想。他任命吴起为大将，第二年升任令尹，相当于国相，至此，吴起终于实现了做卿相的梦想。吴起到楚国后力推变法，迅速将一个老朽的楚国变得青春澎湃。吴起首先打击贵族势力。"捐不急之官，废公族疏远者，以抚养战斗之士"，裁减行政机构，那些仗着与国君有血缘关系的贵族，一律转为平民，省出钱来增加国防支出。二是把一些旧贵族迁往"广

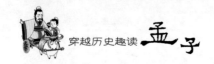

虚之地"，以开发土地。三是整顿吏治，强力反腐。四是明
法令，加强法治建设。总结下来，吴起的改革就两条，一是
狠狠地"薅"贵族的羊毛；二是"薅羊毛"卖钱加强军队建设。
不到两年，楚国变得强大起来，"于是南平百越，北并陈蔡，
却三晋，西伐秦"，楚国再一次成为"南霸天"。

　　被"薅羊毛"的贵族显然很不爽。楚悼王死后，贵族们
在楚悼王的灵堂内作乱攻击吴起，吴起知道无处可逃，就"走
之王尸而伏之"，跑过去趴在楚悼王的尸体上，旧贵族"射
刺吴起，并中悼王"。吴起不愧是著名谋略家，临死前还想
到找那帮贵族陪葬。因为楚国法律规定，凡是伤害到楚王尸
体的人，全族一律砍头。楚悼王下葬，楚肃王登基后，立即
下令全部诛杀当时射中楚悼王尸体的旧贵族 70 余家。吴起
的仇算是报了，但改革事业却没有延续下来。楚国国力越发
衰落，直到被秦国灭掉。对此，韩非子曾经感慨地说，"楚
不用吴起而削乱"。

　　吴起用生命推动了一场改革，却也在历史上招致了无休
无止的争论。一代枭雄曹操和吴起惺惺相惜，他说，"吴起
贪将，杀妻自信，散金求官，母死不归，然在魏，秦人不敢
东向，在楚则三晋不敢南谋"，肯定了吴起的历史地位。而
深受儒家思想影响的大诗人白居易则是破口大骂："昔有吴
起者，母殁丧不临。嗟哉斯徒辈，其心不如禽"，说他甚至
连禽兽都不如。

赵国的改革：换上运动服，打仗真方便！

赵国的变法是从换掉宽袍大袖改穿"运动装"开始的。赵国本来是三晋中的军事强国，但国内权力之争严重影响了国家竞争力，国势日渐衰落。特别严峻的是，赵国北方边境靠近游牧的少数民族胡人，他们人人骁勇善战，"儿能骑羊，引弓射鼠鸟"，"力士能弯弓，尽为甲骑"，经常骑着快马扛着刀剑呼啸而来，抢完东西满意而归，打得还在使用战车作战的赵国找不着北。

赵武灵王继位后，决心来一场军事变革。他发现胡人都穿短衣窄袖的"运动装"，打起仗来相当爽利。而中原国家的人们都是宽衣博带，这种衣服平时裙裾飘飘煞是好看，但两军对垒时，赵军袖子还没挽好，早就被胡人砍了。所以，赵武灵王决心穿胡人的"运动装"，学胡人的骑射之术。

赵国人的思想解放了，改革很顺利，终于训练出一支英勇神武的骑兵部队。赵武灵王干脆连国君都不做了，做"太上皇"，带领骑兵部队四处出击，首先是痛揍中山国，然后把胡人赶得一路向北，极大地提升了赵国的军事实力，而赵国也一跃成为战国早期军事实力最强的国家之一。

赵武灵王"胡服骑射"的真正意义，不在于改变穿衣服的风格和战法，而是他抛弃了鄙视蛮夷文化的守旧思想，以

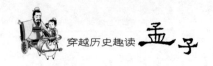

敢为天下先的创新精神，向夷狄学习，从而推动社会变革。梁启超先生认为赵武灵王是自商、周以来四千余年中的第一伟人，他与秦始皇、汉武帝以及南北朝的宋武帝一样，是中国历史上四位取得对北方游牧民族战争胜利的人。

魏国不用的人，秦国却捡到了宝

春秋时期，秦国曾经一度强盛，称霸西戎地区，但毕竟还是个二流国家。三家分晋魏国崛起，占领了黄河西岸的大片地区，让秦国的腹地一下子暴露无遗。虽然在秦献公的带领下，进行了一些改革，也几次打败了魏国，但由于改革起步晚、规模小，秦献公又死得早，秦国与中原各国在改革的竞争中渐渐落于下风。秦孝公发誓要恢复祖先的荣光，实现伟大的"秦国梦"，于是广发英雄帖招揽人才。这时卫鞅出现了，他将和秦孝公一起改变秦国和战国的历史。

卫鞅，是卫国的一个没落贵族，因为后来在秦国变法大获成功，被封为商君，所以又叫商鞅。他年轻时到法家的学术中心魏国求学，在魏国国相公叔痤手下做门客。公叔痤在病重时向魏惠王推荐商鞅做国相，并告诉魏惠王，如果不用，那就直接杀了他，以免其为他国所用。公叔痤又把对魏惠王说的话告诉了商鞅，要么成功上位做相国，要么脚底抹油溜之大吉。魏惠王根本没有把商鞅放在心上，既不用也不杀。

恰好秦孝公正在招揽人才，商鞅就去了秦国。商鞅通过一个太监的关系，见了秦孝公三次。商鞅采取欲擒故纵的计策，前两次与秦孝公大谈以礼、以仁治天下的"王道"，要秦孝公学习尧舜禹等上古的先王，行仁义之道以德服人。商鞅眉飞色舞，孝公昏昏欲睡。第三次，商鞅祭出"大招"，和秦孝公大谈"霸道"，请秦孝公改革政治、发展经济、强大军队，称霸天下。秦孝公一下子来了精神，与商鞅手拉手促膝彻夜畅谈。

秦孝公对王道兴味索然，而对霸道兴趣盎然，这是战国时期君主们的一个缩影，这也预示着孟子游说各国必将困难重重。

"王道"与"霸道"的区别，实质上是儒家与法家治国方略之争。孟子是"王道"的忠实信徒和坚定倡导者，一生以反对"霸道"推行"王道"为己任。孟子曾经对梁惠王说，"养生丧死无憾，王道之始也"，只要对百姓仁心慈爱，把百姓的生活水平搞上去；对诸侯国要以德服人让他们心悦诚服，慢慢地魏国就强大了，梁惠王就真的"仁者无敌"，成为天下的王者了。孟子的"王道"理想听起来很美好，但需要时间。就像用中药调理一个心脏病发作的病人，药是好药，但估计没等到药熬好，病人已经死了。

所以，孟子周游列国游说诸侯三十年，也没有一个国君肯实行"仁政"。因为在弱肉强食的战国时代，富国强兵对

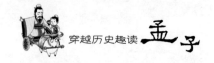
外征战杀伐的"霸道",才是现实的选择。因此,孟子一生郁郁不得志,他的"王道"理想也一直被认为是"迂远而阔于事情"。而商鞅的"霸道"主张,显然更适合各国君主的胃口,更何况是心存雄霸天下梦想的秦孝公。

改革家商鞅的两次变法

商鞅在秦国主持了两次变法。一是奖励耕战,发展农业。"国之所以兴者,农战也",农业是国家的根本。鼓励百姓积极种粮,粮食种的好,还可以拿多余的粮食买个官做。一时间,秦国家家都是种粮大户,人人都是农业专家。二是打击工商业,让百姓回家种地。三是鼓励军功发展军备。老百姓在战场上杀掉一个敌人,爵位提升一级,分配九亩土地和房子;杀掉五个,就能当上管理五家农户的"村民小组长",以此类推。秦国人本来就彪悍,这样的政策一出,个个都像冷血杀手无人能敌。四是限制旧贵族特权。杀的敌人多了,官职不够用,商鞅就限制旧贵族的特权,没有新功一律取消贵族待遇。要想重新恢复待遇,提敌人的人头来见。五是建立连坐法。商鞅规定,以五家为一伍,十家为一什,老百姓互相监视,一家犯法,告发晋爵升官,隐瞒拦腰砍断。六是迁都咸阳,做好进攻东方各国的准备。七是推行郡县制,将基层单位全部纳入中央政府管理,强化中央集权,为秦国实现统一六国的霸业奠定了坚实的政治基础。

改革家的结局总是充满悲壮色彩。秦国从别人看不起的"矮矬穷"，一下子成为诸侯国中的"高富帅"，成为战斗力爆表的"冷血杀手"，商鞅居功至伟。但他损害了贵族的利益，再加上为人冷酷，"冷"到连一个朋友都没有。秦孝公去世后，商鞅被诬以谋反的罪名，在逃亡的途中，没有人敢收留他。一个伟大的改革家商鞅最后被施以车裂之刑灭了全族。

齐国的改革从猜谜开始

秦国的变法风生水起，齐国却是一潭死水。齐国除了改了姓，其他一切都没有变。齐威王继位后，仿佛国家还姓姜一样，对国事不管不问。齐国变成了人尽可欺的角色。三晋这样的中原大国来打也就罢了，连素来弱小的鲁国、卫国也经常把老迈的齐国打得满地找牙。

齐威王是个很文艺的人，特别喜欢弹琴。有个叫邹忌的平民告诉齐威王，自己弹琴的技艺"国士无双"，齐威王就让他弹琴，邹忌摆足架势，好久也没弹出一音来，齐威王简直怀疑邹忌是不是"滥竽充数"，就质问他。邹忌说，我抱着琴不弹，你就着急，齐国人"等到花儿都谢了"，也没见你弹奏齐国这张大琴啊。然后，邹忌以弹琴作比喻，向齐威

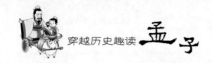

王灌输了好多治国理政的道理。齐威王如醍醐灌顶，任命邹忌为相，协助自己管理国家。

而真正促使齐威王浪子回头的人叫淳于髡。他身材矮小形貌丑陋，但博闻强记滑稽有趣，是战国时期的顶级辩论家。淳于髡找到齐威王猜谜语，说王宫里有一只大鸟，三年不叫也不飞，大王知道这是什么鸟吗？不知道齐威王是否听说过楚庄王不想做"鸟人"的故事，反正他也不想做"鸟人"。他说这只鸟不飞则已一飞冲天；不鸣则已一鸣惊人。齐威王振作起来，开始改革变法。

改革首先从整顿吏治开始。齐威王召开全国领导干部会议，会场上架起一口大锅，大臣们以为是大开宴席煮肉给他们吃，特别开心。结果恰如所愿，齐威王真是要煮人肉汤给他们喝。齐威王树立了一正一反两个典型，正面典型是为官清正的即墨大夫，没向齐威王身边的人送礼，朝中检举信满天飞；反面典型是善于溜须拍马的阿大夫，表扬信也是满天飞。齐威王表彰了即墨大夫，当场把阿大夫和那些贪污受贿的大臣，扔进锅里活活煮死。从此齐国上下"人人不敢饰非，务尽其诚"，齐国慢慢强大起来。

齐威王的父亲田午，在都城临淄的稷门附近，设立了一所国家高等学府，叫"稷下学宫"，吸引了道、儒、法、名、兵、农、阴阳等诸家学派掌门人前来讲学，兴盛时期，汇集的天下贤士多达千人。其中著名的学者有孟子、淳于髡、邹衍、田骈、慎子、申不害、荀子等，一时间，齐国成为战国时期的学术中心。

齐威王想要儒家人才，孟子当仁不让，后来担任稷下学宫祭酒也就是校长的荀子，也是理想人选；想要外交人才，淳于髡和公孙衍绝对合适；想要法家人才，申不害绝对没有害处，反正手下贤才云集应有尽有。齐威王任命邹忌为相，淳于髡为副手，田忌为总司令，从魏国逃回来的军事理论家孙膑为参谋长，让他们各尽其能才尽其用。

齐国强大起来后，本来应该叫齐威侯的齐威王，不甘心做侯，四处征讨，打败了秦、赵、卫等国，两次把魏国打得落花流水。魏惠王为了讨好齐威侯，在公元前 334 年与齐威侯在徐州开会，两个人互相称王，史称"徐州相王"。本来只有周天子才能称王，而他们两个擅自把爵位升了一级，互拍马屁各得其所。从此，齐威侯就变成了齐威王。

秦国统一六国

如果把战国比作一个班级，周天子是挂名班主任，影响力基本为零。秦楚燕韩赵魏齐等七个身强力壮的同学都想做班长，甚至想把班主任赶走，统一全班。魏国是第一任班长，相继把秦国、赵国等同学收拾得服服帖帖。魏国称霸，齐国不高兴，与魏国"约架"两次，魏国大败，名将庞涓战死，

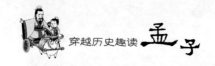

太子也被齐国俘虏，魏国一蹶不振，只好让出班长的位置。此时，秦国在西，齐国在东，楚国在南，几个最强壮的同学开始争夺班长的位子，其他国家也只能是打打酱油的"吃瓜群众"。

实力弱小的同学担心几个老大打架时顺手把自己灭了，就联合起来形成了"合纵"模式。"合纵"就是联合许多弱国抵抗一个强国，以防止强国的兼并。"合纵"战略的倡导者是公孙衍，他联合魏、楚、赵、韩、燕等国形成联盟，向西可以抵抗秦国，向东可以防御齐国。后来由于秦国实力越来越强，战国后期各国枪口一致对西，抵抗秦国。为破坏"合纵"，秦国派出"名嘴"张仪，没事开个诸侯会，拆散一对是一对，建立"连横"战线。"连横"就是说服一国或几国，跟着秦国混，去攻打其他国家。

为统一六国，秦国采取了两大策略。一是千方百计破坏"合纵"，利用六国貌似团结其实离心离德的弱点，向各国派出间谍，拿重金贿赂各国重臣，从内部分化瓦解敌国。二是远交近攻。采用"温水煮青蛙"的模式，距离秦国远的，先假装形成战略合作伙伴关系；距离近的，就真刀实枪大打出手，灭掉一个是一个。

韩国靠秦国最近，就成了第一个为秦统一六国祭旗的国家。第二个是赵国。自从赵武灵王"胡服骑射"改革之后，赵国成了北方实力强大的国家，国内贤臣名将辈出，如曾经闹过矛盾又冰释前嫌的廉颇和蔺相如，英勇无敌的将军李牧等。但秦国使用反间计，让赵国把李牧等名将杀掉，任命"军事理论家"但经验值基本为零的赵括担任主将，只会"纸上谈兵"的赵括在长平被秦军大败，40万赵军被活埋，赵国被灭。接下来倒霉的是曾经的班长魏国。魏国以前是一呼百应的战国霸主，现在是不堪一击的落汤鸡，最终国都大梁城被秦军开堤放水所淹，城垣崩塌，差点被淹死的魏王假投降后被杀，魏国灭亡。

楚国一直是雄踞于南方的大国，到楚怀王时，国势达到顶峰，与齐秦并列为三大强国。但楚怀王"很傻很天真"，又喜欢占小便宜。秦国派张仪去"忽悠"楚怀王，说楚国要是和齐国断交，就给楚国方圆六百里的土地。楚怀王信以为真，断绝了与齐国的联盟关系。等楚国向秦国要土地的时候，张仪说只有六里地，把楚怀王气得半死。楚怀王被骗了一次还不过瘾，又被骗到秦国去赴一场不怀好意的"鸿门宴"，屈原苦苦相劝，楚怀王就是不听，一门心思自投罗网，结果被秦国扣留，忧郁成疾死在秦国。

楚怀王这种傻萌的行为，直接把屈原气成了浪漫主义爱国诗人。屈原写诗抒发报国无门的郁闷，又不敢直接说出来，就整天问天问地问女神，从而让他的诗篇《离骚》，成了中国文学史上浪漫主义诗歌的源头。

燕国很弱小，正面搞不过秦国，就准备搞暗杀。燕太子

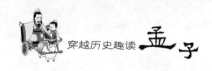

丹派出著名刺客荆轲去刺杀秦王，荆轲高唱"风萧萧兮易水寒，壮士一去兮不复还"，结果真的没能回来，武功不济被秦王所杀。这下子捅了马蜂窝，秦国立即增兵攻打燕国，燕王喜逃了一阵子，最终还是身死国灭。

在秦国对其他国家大开杀戒之时，齐国躲在东方事不关己高高挂起。齐国觉得自己和秦国是同盟关系；距离秦国路途遥远，一时半会没问题。但转眼间，齐国发现韩、赵、魏、楚、燕等小伙伴全没了，没办法干脆投降，齐国灭亡！

秦国并灭六国，结束了春秋战国以来 550 多年的战乱局面，创建了中国历史上第一个统一的中央集权封建大帝国，对中国封建社会政治制度的形成，具有划时代的意义。

中国文化的"轴心时代"

战国时期的改革变法是强国争霸的"发动机"，也是弱国求自保的"动力源"。因此，改革变法成为主流。韩国、燕国等二流国家相继变法改革，甚至连郑国、宋国、卫国等边缘国家也变法图强。总之，这是一个革故鼎新"思想大解放"的时代。

与政治、经济、社会的改革相比，思想文化领域更是群星闪烁。这个时代产生的文化巨人，他们的哲学和思辨水平，丝毫不逊色于古希腊的哲人们，这是中国文化精神充分张扬并最终形成的黄金时代，也是世界文化史上的"轴心时代"。

"轴心时代"是德国哲学家雅斯贝尔斯提出的著名命题。他说，公元前 800 至公元前 200 年之间，尤其是公元前 600 至公元前 300 年间，是人类文明的"轴心时代"。在"轴心时代"里，各个文明都出现了伟大的精神导师。古希腊有苏格拉底、柏拉图、亚里士多德，以色列有犹太教的先知们，古印度有释迦牟尼，中国有孔子、孟子、老子、庄子、墨子……他们提出的思想原则塑造了不同的文化传统，也一直影响着人类的生活。

正是在这个时期，诸子百家开始兴起，中国文化精神得以确定，儒、墨、道、法、阴阳、名、兵、纵横家相继登上

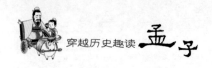

历史舞台。孔子、老子、墨子、孟子、庄子、荀子、韩非子等一大批思想家，他们深邃的思考，如闪耀天际的太阳，照亮了中国文化的前程。

在这个群星闪耀的"轴心时代"，孟子以继承孔子的思想为己任，以"平治天下，舍我其谁"的责任担当和强烈自信，用"虽千万人，吾往矣"的勇气，以及把各派思想家辩得无话可说的滔滔雄辩，让儒学进一步发扬光大，并进一步完善了儒家思想，对后世也产生了巨大的影响。

第三章

世界，我来了——孟子的诞生！

孟子的诞生，是中国思想史上的一个现象级的里程碑。孟子的思想，给战国时期的思想界带来勇猛刚劲之风，让濒临衰败的儒家学派，重新挺立于战国诸子百家之林。他提出的"性善论"、"仁政"、"王道"和修身立德等一系列思想，仿佛闪亮的星辰，在中国文化的夜空中熠熠生辉。

孟子身上的"重重谜团"

关于孟子，只有两件事是没有争议的。第一，孟子是孔子之后对儒家学说贡献最大的思想家，他进一步完善和发展了儒家思想。孔子是儒家思想的开创者，而孟子是完善者。第二，孟子的名字叫轲。至于一些书上说孟子字子舆、子车、子居等，基本上是后世学者的猜测。孟子的出生年月至今也是个谜，历史上对孟子的生卒之年说法众多。大致认为应是前390年至前305年，寿八十六。

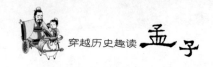

　　《史记》上说，"孟轲，邹人也"。邹地，在今天山东省邹城市，与孔子出生地曲阜相距很近。孟子对自己出生地"很矛盾"，一方面相当满意，说自己"近圣人之居"，满满的都是自豪；另一方面有点焦虑，近邻孔子是圣人，孟子也要像孔子一样成为圣人。最后，孟子果然成了"亚圣"。孟子的成长经历告诉我们，理想还是要有的，万一实现了呢？

　　孟子的先祖也是贵族，据说是鲁国鲁桓公的儿子孟孙氏，赫赫有名的鲁国"三桓"之一。后来孟孙氏势力衰落，他的后人迁到邹地，沦为平民，孟子就是平民家庭出生的孩子。

　　有人说孟子的父亲叫激，字公宜，在孟子三岁时就去世了；有人说他母亲姓李，但更多的学者认为姓仉。根据《孟子》的记载，孟子的父亲不可能是在他三岁时候去世，很有可能去外地经商或者工作去了，在孟子的青年时代去世。母亲在孟子童年的成长中起到了重要作用。孟母是个通情达理、精通儿童启蒙的好家长。正是在母亲的教育下，孟子从一个懵懂无知甚至有点顽劣的少年，成长为对中国文化有深远影响的大思想家和教育家。

　　谜团依然笼罩着孟子，但不要紧。钱钟书先生曾说，"假如你吃了个鸡蛋觉得不错，何必认识那下蛋的母鸡呢？"孟子的思想，是中国文化中的"金蛋"，而孟子，就是那只下蛋的"金鸡"。所以，这本书的重点就在于向读者介绍孟子思想的这只"金蛋"。

不买"学区房",孟子可能是个"小混混"

孟子出身平民家庭,自然住不上华堂大屋。他们家最初可能住在一片山林附近,周围到处都是坟地。小孟轲每天看到的是送葬的人群和那些复杂的丧葬礼仪。孟子就有样学样,学习挖坟、葬礼,每天哭哭啼啼很不吉利。

"孝"是儒家的重要思想,而"事生事死"又是"孝"的核心,这是中国人的精神基石。"事生"是在父母活着的时候好好侍养他们; "事死"是在父母去世后办一场规模宏大的丧礼。在儒家的观念中, "事死"比"事生"更重要,所以中国自古就有"礼莫重于丧"的传统。悲哀的是,现在中国人的丧礼,有的已经变了味道,古代那些庄重的礼仪,演变成令人啼笑皆非的"娱乐活动"。有请美女跳欢快的"小苹果"的;甚至还有唱"今个真高兴"的,这要是让孔子知道了,说不定又要"是可忍孰不可忍"了!儒家经典《中庸》上说, "事死如事生,事亡如事存,孝之至也",意思是, "侍奉死者如同侍奉生者,侍奉已亡者如同侍奉在世者,这是孝的最高表现"。这种思想被曾子总结为"慎终追远",成为中国文化的核心精神。后来,孟子继承了孔子和曾子的思想,他说, "养生者不足以当大事,惟送死可以当大事",把丧礼看得更重要,这可能与他童年的经历有关。

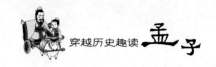
　　战国时期，儒家受到墨家的严峻挑战。墨家是现实功利主义者，一切以有用为标准。墨家认为过分强调葬礼浪费社会财富；过分强调守丧三年浪费时间。所以墨家猛烈抨击儒家的厚葬久丧思想。墨家学派鄙视儒家学派，认为那些强调厚葬的儒生们，就是靠死人吃饭，看见哪家死人就开心的"贱儒"。这种思想可能影响了孟母，她不想让孟子成为靠死人吃饭的"贱儒"，就把家搬到市场旁边。市场上每天讨价还价之声不绝于耳，孟子就模仿商人们卖东西，搞得满身都是铜臭气。与现在不同，古代商人的地位不高，古人职业的排序是"士民工商"，商人忝列末席。母亲不愿让孟子成为满身铜臭的商人，狠了心买下了"学区房"，把家搬到一所学校附近。这时，很有可能是孔子的孙子子思的学生，在附近办学，朗朗的读书声深深吸引了孟子，从此，孟子开始认真阅读古代典籍，学习古代礼仪，朝着成为儒家大师的道路上前进。

　　"孟母三迁"的故事，告诉我们两个道理。第一，母亲是童年生活最重要的教育者。孟子是个幸运的人，他有一位懂教育、识大体的母亲，这让他从小获得了良好的启蒙教育。第二，环境不能决定人的一生，但能够影响我们成为什么样的人。就像战国晚期的思想家荀子说过的那样，"蓬生麻中不扶而直，白沙在涅与之俱黑"。成年后，孟子也十分重视环境对人的塑造作用。他说"富岁，子弟多赖；凶岁，子弟多暴"，意思是，"丰收之年，年轻人容易养成懒惰的恶习；而在灾荒之年，年轻人就容易发生暴乱"。这充分说明了环境对人的影响。

吃猪肉与守诚信

中国古代的核心价值观是"仁义礼智信"，"信"是诚实无欺、信守承诺的意思。孟母在诚信教育方面堪称楷模。有一次，孟子听到邻居家杀猪的声音，就问母亲为什么要杀猪，母亲开玩笑说，杀猪是给你吃猪肉啊。以孟子的家庭状况，估计吃猪肉就是个念想罢了。但孟母认为不能欺骗孩子，于是买了猪肉给孟子吃，证明她信守承诺。孟子吃到了猪肉，也体验到了诚信的价值。

在中国古代的故事中，吃猪肉一直和践行诚信紧密相连。曾子的夫人到集市上去，儿子哭着跟着她。母亲说你回去，我回来时为你杀猪。妻子刚从集市上回来，曾子就要杀猪给曾子吃。曾子的夫人舍不得，说那不过是和孩子开的玩笑而已。曾子说，父母对孩子的教育，身教重于言传，现在你欺骗孩子，就是在教他欺骗别人，于是就杀猪给孩子吃了。曾子和孟子的母亲用实际行动告诉我们，言而有信、诚实无欺是做人的原则，吃不吃猪肉不是问题，但讲不讲诚信却是人生的原则问题。

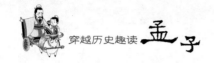

中国古人特别重视诚信，在很多故事中，诚信的人最后都转危为安，不诚信的人最后都丢了性命。这说明，中国人视诚信胜过生命。那个"烽火戏诸侯"的周幽王，因为撒了两次谎，后来诸侯都不再相信他，在犬戎兵临城下的时候，没人来救他，最后身死国灭；那个在山上呼喊狼来了的孩子，同样是两次撒谎，最后被狼吃了。所以，做人以诚信为本，这是周幽王和被狼吃掉的孩子，用生命换来的血的教训。

孔子的"铁粉"

孟子是个很"傲娇"的人，除了对孔子和尧舜禹等圣人贤君顶礼膜拜，看谁都是一脸大写的不服。

孟子觉得国君没有什么了不起，他们拥有的只是权杖，而不是道义，因此可以藐视他们；那些朝秦暮楚的纵横家也不值得崇拜，他们不过是依靠阴谋诡计仰人鼻息的"妾妇之道"，所以孟子鄙视他们；像墨子、杨朱扰乱人心危害社会，孟子就痛骂他们是禽兽。总之，孟子是一个高傲的斗士。

孟子谁都不服，唯独崇拜孔子，用现在的话说就是"不扶墙，就服孔子"。他真情表白说，"自生民以来，未有盛于孔子也"。其实孔子也是个"追星族"，他最崇拜尧舜禹、周文王、周公那样的圣人。而孟子则认为孔子是古今"集大成者"，是真正的圣人。所以，孟子说，"乃所愿，则学孔子也"，他想拜孔子为师。但很可惜，当孟子出生时，孔子已经去世好多年了，孟子只好向孔子的孙子子思的弟子学习，而子思又是孔子弟子曾子的学生，这样说来，孔子算是孟子的师祖。

孔子的偶像是周公，他说"甚矣吾衰也！久矣吾不复梦见周公"，一天梦不到周公就莫名忧伤，做梦都想有周公那样的伟大事业。他一生都在为恢复周礼的事业而奋斗，最终成了儒家学说的创始人；孟子继承并发扬了孔子的思想，最终成了儒家学派的"亚圣"，和孔子一样成为中华民族的精神导师。

沿着孔子的道路前进！

有一则段子说，子曰，中午不睡，下午崩溃。孟子说，孔子说的对！这说明孟子和孔子是"二合一"的关系。作为孔子的"铁粉"，他一生的经历与孔子极为相似。孔子出身平民，年轻时养过牛放过羊，做过会计、吹鼓手，还因为熟知周礼而做过丧礼的主持人。孔子十五岁立志于学，三十岁开馆收徒，五十岁左右走向政坛，并在政治理想破灭后，带领弟子周游列国游说诸侯，以实现"大同世界"的梦想。但各国诸侯对孔子不咸不淡不冷不热，谈不上敬更谈不上用，所以孔子自嘲是"丧家之狗"。孔子在将近古稀之年回到鲁

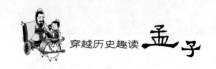

国潜心研究整理古代文化，最终成为儒家思想的创始人和中国文化的承上启下者。

孟子在母亲买了"学区房"后开始认真学习，大概在三十岁左右开馆讲学，四十岁左右离开家乡邹国，游说诸侯，希望建立一个"王道"的世界。但理想丰满现实骨感，在那个战争频繁你死我活的时代，国君们认为孟子的"仁政"学说，是"一肚子不合时宜"，没有人肯真正实施他的政治主张。

在把各国君主和各大学派"骂"了一圈后，孟子带领弟子回到家乡，潜心教育和研究工作，与弟子们一起著成《孟子》，挺立起儒家思想的另一座高峰。他们的思想并称为"孔孟之道"。

孟子的"仁爱"与孔子的"性善"

孔子思想的核心是"仁"。"仁"就是"仁者爱人"。人如何践行"仁"？孔子认为"克己复礼为仁"，要用礼来规范和约束自己的思想，符合礼的就去做，不符合礼的就不去做。在孔子那里，"仁"是处理人与人之间关系的道德原则，"礼"则是人与人交往的规范。这种规范叫"忠恕之道"。"忠"是"己欲立而立人，己欲达而达人"，像人字的结构是一撇一捺互相支撑一样，我们要想成就自己，先要成就别人。"恕"是"己所不欲，勿施于人"，不想要被强加在自己身上的，也不要强加到别人身上，这是推己及人换位思考的思想。孔子的这两句话已经成为中国文化处理人际关系的金科玉律，也应该成为现在人与人距离越来越近，而心越来越远的冷漠时代的人伦准则。孟子对孔子的思想进行了高度概括，孟子说，"仁也者人也，合而言之，道也"，"仁学"就是关于做人的学问，人践行了"仁"，这就是道。

孟子系统完善了"仁者爱人"的思想。他把"仁"上升为国家治理原则，提出了"仁政"的政治思想。孟子认为，君主如果能够把"仁者爱人"的思想引入顶层设计中，实行"仁政"，将"仁者无敌"，最终可以实现"王道"。

孔子是个心慈面善温情脉脉的人，在中国思想史上，他可能是第一个发现并高扬人的价值的思想家。孔子家里的马厩失火，他第一个问有没有人受伤，这种关心人的生命价值的思想，在把人当成动物的奴隶社会，非常难能可贵。孟子则把孔子的思想推向高峰。他认为"民为贵，社稷次之，君为轻。"意思是，"百姓最为重要，代表国家的土神谷神其次，国君为轻"，百姓才是天下的主体和国家的根本，国君无足轻重。国君不行仁义残暴百姓，百姓可以换掉国君，甚至是杀掉。这种思想，简直石破天惊无比大胆，搞得千年以后的明太祖朱元璋还心有余悸，他曾经恨恨地说，要是这老头子还在，早就拉出去砍了。

人性善恶一直是思想史上争论不休的问题。孔子并没有

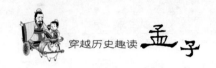

对人性善恶做出界定，他说"性相近，习相远"，认为人性相近，后天环境即"习"可以影响人的本性。而孟子是中国思想史上第一个明确提出"性善论"并进行系统论证的思想家。孟子认为人和禽兽之间的区别就是道德，而人天生就具有四种向善的"萌芽"，分别是"恻隐之心""羞恶之心""辞让之心"和"是非之心"，它们就像四肢一样，天然存在于内心。有了这四心就是人，没有就是禽兽；人如果能够守护好四心，就能成就道德；不好好守护四心，就可能成为坏人，就是"自暴自弃"，用孟子的话说就是"自贼"。孟子的"性善论"对中华民族惩恶扬善、积极向善文化心理的形成，发挥了重要作用，具有深远的历史意义。

孔子温文尔雅，孟子怒发冲冠

孔子像一个温柔敦厚的长者，在各国国君和王公贵族面前，始终保持着儒家宗师谦谦君子的形象。而孟子就像怒发冲冠的斗士，高度傲娇凛然不可犯。在齐国时，齐王本来要到宾馆拜见孟子，但齐王借口生病让孟子上朝拜见，孟子一听就炸了，告诉齐王的使者，正巧我也生病了，不能去见齐王，然后就出去玩了。在孟子看来，爵位、年龄和道德是天下最尊贵的三种东西，齐王只拥有爵位，而自己则有年龄和道德两大优势。就像拳击场上的比赛，孟子二比一"KO"齐王。

因此，孟子在游说诸侯时始终保持着"说大人而藐之"的气概，完全不是在权贵面前唯唯诺诺，浑身酥软倒头便拜的某些后世儒者的形象。

在理想人格上，孔子崇尚圣人和君子，而孟子则崇尚"大丈夫"。孟子认为，真正的大丈夫应该是"三合一"的存在："富贵不能淫，贫贱不能移，威武不能屈"。孟子倡导的大丈夫精神，深刻影响了后世知识分子特立独行品格的形成。

孔子和别人说话，柔风细雨循循善诱，余味悠长如坐春风；孟子与人谈话，总是用参加辩论赛的方式，专治各种不服。

孔子去世后，儒家分崩离析成了八派，儒家思想有走向衰落之势。当时占据主流的是杨朱和墨子的学说。杨朱是道家学派的学者，主张"为我"，而墨家主张"兼爱"。孟子认为杨朱的"为我"是"无君"，破坏了等级秩序；墨子的"兼爱"把父母等同于陌生人，是"无父"，而无君、无父破坏了"忠孝"和"仁义"，就是禽兽。对这种歪理学说，孟子当然要大加鞭挞。

孟子还对法家、纵横家、农家等学派进行了尖锐的批判。孟子很自信地站在道德的制高点上，身上充满了"浩然之气"，辩论的水平又高，经常把那些学派驳得哑口无言。人们认为孟子好辩，但孟子说自己是迫不得已，因为杨朱和墨家学派，扰乱人心，破坏社会秩序，而孟子决心拯救人心，传承儒家学说，必须将他们作为异端，一棍子打死。

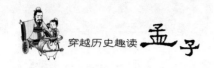

孟子老师有性格

孔子开创了中国私学的先河，据说弟子三千，在中国历史上留下光辉形象的就有七十二个贤人，成材率相当可观。

孔子在学生们的眼里是慈父，他教学循循善诱，弹着琴唱着歌搞素质教育，说话如细雨清风，除了把弟子宰予和子路骂得很惨，其他学生基本上给足面子，不会让人下不来台。但孟子就不一样了，他对学生很严格，上课时表情严肃强调师道尊严。学生乐正子在鲁国做了大官，孟子去看他，希望靠学生的关系拜访鲁国国君。孟子住在宾馆里，乐正子因为忙，当天晚上没有来看孟子，孟子很不开心，第二天就把乐正子骂了一顿。

虽然是有教无类，但孟子招收学生的标准很高，他曾经贴出声明，有五种人自动屏蔽，带多少钱来也没用。这五种是仗着自己位高权重的人，仗着自己有贤能的人，倚老卖老的人，仗着自己有功劳的人，仗着自己和孟子有亲戚关系或者朋友关系的人。孟子认为，既然要向别人请教，就要虚心好学不耻下问，那些摆臭架子、摆阔气和倚老卖老的人，一律拒之门外。

作为老师，孟子可能脾气火爆了点，但他确实是个好老师，他的教育思想也启发了后世的老师们。孟子在教学上有五种方法，直到今天仍然熠熠发光。

孟子说，"君子教育人的方法有五种：有像及时雨那样滋润万物的，有成全别人品德的，有培养别人才能的，有解答别人疑问的，还有因品德学问被人私淑而受教的，这五种便是君子教育人的方法"。

孟子还有一种"很残忍"的教学方法，就是直接不理你，让你一边凉快一边反思，这其实也是和孔子学的。有个叫孺悲的人去向孔子学习，孔子不想见他，就叫人告诉孺悲说生病了。结果传话的人刚走出门，孔子立刻取瑟而歌，一定要让孺悲明白，孔子在装病，就是不想见你。孟子也说过，不

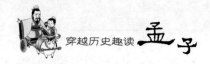

屑于去教也是一种教。这样会让学生很丢面子，但也是一种无言的教育，能让你痛定思痛反思自己。

第四章

孟子的劝谕与怒怼

    孟子学有所成后，在家乡邹国开馆收徒，然后踏着孔子的足迹，带弟子周游列国，宣传仁政与王道思想。从"性善论"和"仁者爱人"的思想出发，孟子认为，如果君主能把爱人之心推己及人到天下百姓的身上，就能推行仁政实现王道。

    在战国时代，"王道"是温情脉脉的美好理想，"霸道"才是血淋淋的现实选择。战国是一个心怀鬼胎的时代，大国整天想着如何争霸，小国想着怎么在大国的夹缝中生存，所以，在诸侯国国君的眼里，孟子的思想"迂远而阔于事情"。司马迁说，"天下方务于合纵连横，以攻伐为贤，而孟轲乃述唐虞三代之德，是以所如者不合"，"持方枘而内圆凿，其能入乎"？司马迁认为，孟子的努力，就像拿一个方形木头往圆孔里面塞，结果可想而知。

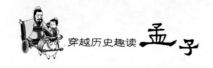

铜豌豆与橡皮泥的不同选择

摆在孟子面前有两条路，一条是做张仪、公孙衍那样的纵横家，靠滔滔雄辩游说诸侯，从而"朝为田舍郎，暮登天子堂"；另外一条路是不忘"仁政"初心、坚持"王道"理想，奔走各国之间游说诸侯，推行仁政王道。走前一条道路，孟子可能是远超苏秦、张仪那样的纵横家，后一条道路则可能是理想灰飞烟灭。

孟子始终坚持王道理想，以拯救百姓于水火的责任担当，奔走于各国之间，虽理想破灭，但初心不改。在游说诸侯的过程中，虽说也有"后车数十乘，从者数百人"的高光时刻，但孟子与诸侯们基本上是始于一见钟情，终于不欢而散，没有君主愿意推行他的仁政和王道主张。是孟子技不如人还是太傻太天真？答案就在孟子的书中。孟子崇尚"富贵不能淫，威武不能屈，贫贱不能移"的大丈夫，是"蒸不烂、煮不熟、捶不扁、炒不爆、响当当一粒铜豌豆"，在诸侯国君面前，孟子秉持"贤尊于势"的原则，权势地位改变不了他，想让孟子"摧眉折腰事权贵"，必然"使我不得开心颜"。

孟子对在大国之间游走、用舌头影响各国政治，谋取个人功名富贵的游士们很不感冒。他们像一块随时变化的橡皮泥，可以顺着诸侯国君们的意思而随时改变立场。在孟子看

来，他们像个低眉顺眼的小媳妇，小心翼翼地"妆罢低声问
夫婿，画眉深浅入时无"。孟子对这种行为极为不屑，说他
们是"妾妇之道"。孟子有"平治天下"的理想，有"舍我
其谁"的责任和担当，在他身上鲜明地体现了儒家"济世救
人"的政治理想和"知其不可为而为之"的人格风范。

　　这就是思想家和谋士的不同境界。孟子一生都在探索人
之所以为人的终极价值，探索消除战争、实现百姓安居乐业
的王道途径，虽然屡次碰壁但九死而无悔。孟子是个性格傲
娇的"刺头"，从来没有把诸侯国君和王公大臣放在眼里。
因此，孟子常常"说大人而藐之"，搞得那些国君很没有面子，
不是"顾左右而言他"，就是"勃然变乎色"。而孟子毫不
畏惧，他最喜欢看君主们想干掉他又做不到的样子。

　　从四十岁开始的三十年间，孟子先后去过齐、宋、鲁、滕、
魏等国家，一方面劝谕各国国君推行仁政，另一方面对当时
诸子百家特别是墨家、道家、农家、纵横家思想猛烈开炮，
在劝谕与怒怼中宣扬儒家思想体系。

邹穆公：告诉你什么是出尔反尔

　　大概在四十岁时，孟子在邹国进入仕途。邹国与鲁国交
战，邹国三十三个官员被杀。让邹穆公想不通的是，官员被
敌人砍时，百姓在旁边看热闹，没有人路见不平拔刀相助。

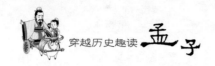
邹穆公想把那些人都抓来砍了，但法不责众不好下手。邹穆公问孟子该怎么办，没想到孟子一言不合就怒怼：官员不关心百姓的死活，百姓凭什么要关心官员的死活？孟子引用曾子的话说："戒之！戒之！出乎尔者，反乎尔者！""小心啊！小心啊！你怎样对待别人，别人就会怎样对待你！"

邹穆公不把老百姓放在眼里，还有一个只把鹤放在心中的国君，这若是让孟子遇到，肯定又是一顿痛骂。卫懿公特别喜欢鹤，全身心扑在鹤身上，给鹤加官进爵，让鹤坐只有大夫才有资格坐的车。狄人伐卫时，卫懿公征召百姓打仗，百姓说养鹤千日用鹤一时，还是让鹤去打仗吧。结果可想而知，鹤被狄人煮了，卫懿公驾鹤西归。

"出乎尔者，反乎尔者"，同样适用于人际关系。你对别人春风化雨，别人对你视同知己；你对别人愁云惨淡，别人让你阵脚大乱。爱是相互的，你对别人翻白眼，大概率被别人揍得翻白眼。当然，对待世界的方式也是这样，以笑对镜镜亦笑，哭颜对镜镜亦哭。你眼里的世界是什么样子，你就活在什么样的世界中。

邹穆公本以为孟子是邹国的乡贤，会站在他一边，哪想到孟子是"刺头"，邹穆公不开心，孟子很郁闷。孟子知道，在邹国实行仁政的梦想，就像镜中月水中花看着很美而已。

中国最早的智库——稷下学宫

孟子在邹国无法实现理想，干脆带着弟子们去齐国。齐国曾经是春秋时期第一霸主，后来虽然衰落了，但仍然是一个有影响力的大国。除了大国优势明显，齐国浓厚的文化氛围和尊贤重士的风气，也是吸引孟子的重要原因。

齐国是当时文化学术交流中心，几乎所有学派的著名学者都在齐国的一所大学做研究，这所大学叫"稷下学宫"。

"稷下学宫"开创了兼容并蓄学术自由的先河。它既是中国历史上最早的官办大学，又是齐国政治咨询机构即国家的"高端智库"，还是各派学者学术交流的研究所，与古希腊哲学家柏拉图创办的希腊学园并称"东西双璧"。

"稷下学宫"是由齐桓公建立的，但不是春秋第一霸主姓姜名小白的齐桓公，而是田氏代齐之后的齐桓公田午。如果还是搞不清楚的话，不妨把姓田的那个齐桓公叫作蔡桓公，就是那个讳疾忌医打死也不相信神医扁鹊的话，认为自己没病最后病死的那个国君。也有学者认为，是齐桓公的儿子齐威王创建了"稷下学宫"。总之，齐国开出各种优厚条件吸引各国人才，来"稷下学宫"做学术研究和教学活动。

"稷下学宫"的各派掌门人，被称为"稷下先生"，他们有充分的学术和政治自由，既可以开馆收徒赚学费，也可

以同其他学派相互辩难树立学术权威，表现优秀的可能被授予上大夫的官职。更为重要的是，"稷下先生"可以随时对齐国的内政外交发表意见——高兴时为齐国出谋划策，不高兴时可以很高冷地批评几句，只要不拿刀去砍齐王，大概一切都是允许的。

这种"爆炸性"的人才政策，形成了巨大的"虹吸效应"，道家、儒家、法家、兵家、阴阳家、杂家等各派宗师齐聚于此，让"稷下学宫"成为当时诸子百家学术争鸣的圣殿，也让齐国成为当时平均智商最高的国家。

稷下学宫选修课指南

孟子到了齐国，没和齐威王说上一句话，在政治上混得很不堪，但在"稷下学宫"干得风生水起，教学规模一下子扩大了不少，成为最受欢迎的几个著名教授之一。据说，孟子有数百个学生，办学规模排名第二。口若悬河的道家思想家"天口骈"田骈有上百个学生，排名第三。其貌不扬但风趣幽默的"相声大师"、杂家的代表人物淳于髡的学生竟然达到数千人，排名第一。

"稷下学宫"的学生，叫"稷下学士"，他们享受着空前强大的师资和选课自由。如果我们来一次穿越，把不同时期在学宫工作过的老师集中在一起的话，那"稷下学宫"内挤满了诸子百家的大师们。喜欢儒家学说的人，有孟子和荀子两位大师的课可以选修。孟子的课是"从性善论到王道理想"，上他的课还可以学到辩论技巧，因为孟子在"稷下学宫"的辩论联赛中排名第一。三次做过"稷下学宫""祭酒"即校长的荀子的课也物超所值。他的课叫"从性恶论到礼法兼治的路径选择"，虽然和孟子针锋相对，其实是儒家学说的一体两翼。

喜欢讲课生动、语言幽默的，可以去选淳于髡的课，但这要靠运气。淳于髡是"稷下学宫"最受欢迎的教授。他以博学多才、善于辩论著称，是学宫中最具影响力的杂家学者。他善用"隐语"劝谏，经常对齐威王来一次幽默的心灵洗礼。所以，上淳于髡的课，学得好你是个出色的外交家，再不济也能成个脱口秀演员。

喜欢阴阳家的学说，可以去找"谈天衍"邹衍老师谈谈。邹衍的课主要包括"五行""五德始终"和"大九州"学说。邹衍认为木生火，火生土、土生金、金生水、水生木是五行相生的转化形式，既然有五行相生，就应该有五行相克，即土克水、木克土、金克木、火克金、水克火。邹衍天才地把五行相生相克的规律，运用到人类社会的发展上，认为朝代更替按照五行相克的规律发展。比如周朝的德行是火，秦国灭掉了周朝，所以秦朝的德行是水。同理，汉朝灭掉了秦朝，汉朝就应该是土，以此类推。邹衍最重要的贡献是海洋学说。

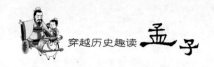

他认为世界是由海洋组成的，中国只是海洋中的一块陆地，只不过是世界的八十一分之一而已。在普遍认为中国是世界中心的古代社会，这简直就是天才的判断。

其他如法家、道家、兵家等课程和老师的简介，请参看《史记·孟子荀卿列传》。

君子做官取之有道

弟子们跟孟子来到齐国，满以为他会很快觐见齐王，获得官职，没想到孟子根本没有去见齐王的意思，就是待在"稷下学宫"教书授课，时不时和淳于髡等人开个辩论会，辩倒一个是一个。

弟子万章问老师：来了那么久，你也不去见齐王，这是什么行事方式？

孟子告诉万章，"住在城中的叫市井臣民，住在乡下的叫草野臣民，都称为庶人。庶人没有官职，是不能见诸侯的，这是一种社会规范。"也就是说，自己虽然贵为"稷下学宫"著名教授，但还是个平头百姓，是不能随便见君主的。万章是个能言善辩的人，他搬出了孔子来反驳。万章说那孔子怎么君王一召见，没等到备好车子就急匆匆地去面见君主了，难道孔子的做法是错的？孟子说，孔子当时有官职，所以他就去了。

原来，孟子陷入了一个逻辑怪圈——没有官职，就不能去见诸侯，不见诸侯，就没有官职。难道满脑子都是智慧的孟子走不出这个逻辑怪圈？事实上，这体现了孟子做官的原则。在古代，做官是实现政治理想的唯一出路。做农民要靠天吃饭，年景不好可能会饿死；做商人被人看不起，遇到商鞅这样的暴脾气，还有可能被拦腰砍断。但孟子特别讲原则，在他看来，觐见诸侯是臣属的义务，而士在做官之前，无论是在城外还是城里，应该像个未嫁的姑娘一样，绝不可放下身段出去见人。所以孟子坚持原则不见齐王。

孟子这样做，估计有两种想法。一是他是个自信心爆棚的人，常常以帝王师自居，既然是诸侯的老师，哪有老师去见学生的道理。二是孟子的原则性极强，绝不会干那些"跑官要官"的事情，自尊心极强的孟子丢不起那个人。

为了让弟子心服口服，孟子还举了一个例子。

"男孩一生下来，父母便希望给他找一个好妻室，女孩一生下来，父母希望找个好婆家，这样的心情人人都有。但是如果不等父母的安排媒人的介绍，就自己钻洞扒缝互相偷看，甚至翻墙穿壁私下约会，那就要受到父母和社会的鄙视。同样的道理，古代人不是不想做官，只不过厌恶不经过正当的途径去做官。不经过正当的途径去做官，与男女之间钻洞扒缝私会的行为是一样的。"

孟子告诉弟子，君子做官取之有道，不能像恋爱中的青

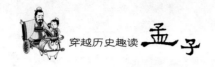

年男女那样，纵然有月下西厢之美，也不能爬墙头钻狗洞私下约会，士人要保持人格独立和尊严，否则就像那些贪财爱富的妾妇一样为人不齿。

在其位不谋其政都是"耍流氓"

孟子认为取官有道，做官就要担负责任，反之，"做官不为民做主，不如回家卖红薯"。齐国有个叫蚔蛙的官员，曾经做灵丘的县长，辞去了县长做了法官，因为这样可以向齐王进言。但几个月也没有向齐王进言，孟子就看不惯了，他问蚔蛙，你几个月了还没有想好要向齐王进言吗？蚔蛙被孟子将了一军，就去给齐王提建议，但齐王根本不听他的，蚔蛙只好辞职走人。齐国有人看不惯孟子这样的行为，好端端让蚔蛙把官丢了，就讽刺孟子说，你让他辞职，那你又做了些什么呢？孟子则反驳说，有官位的人，如果无法尽其职责就应该辞官不干；有进言责任的人，如果言不听计不从，也应该辞职不干。至于我，既无官位，又无进言的责任，那我的进退去留，岂不是非常宽松而有自由的回旋余地吗？"

这是孟子的取官、为官之道。想做官要遵守正道，不能翻墙打洞跑官要官；做了官就要承担责任，不能尸位素餐做懒官庸官。

匡章到底孝不孝

孟子在齐国其实过得并不好,除了在"稷下学宫"扩大了招生规模,其他的事情都没有达到预期目标。说好是到齐国游说的,然而孟子固执地认为,不做官就不能去见齐王,三年也没和齐王说上一句话。把蚳蛙说得满面含羞辞官而去,又被齐国人讽刺挖苦,连交个朋友都被弟子们误解。

孟子有个好朋友叫匡章,是齐国著名军事将领。但齐国人对他不买账,因为在齐国人看来,匡章是个有名的不孝子——他和父亲关系搞得很僵。在传统的观念中,无论儿子年龄多大、地位多高,都应该让父母开心。舜那个瞎眼黑心的父亲,伙同心狠手辣的弟弟和后母,几次要弄死舜,但舜做了天子之后仍然孝顺父亲扶持弟弟;楚国隐士老莱子70岁时,还穿上彩衣假装小孩一样又蹦又跳让父母开心。所以齐国人认为匡章和父亲关系不好,就是不孝顺。

孟子却不顾世人的非议,和匡章成了好朋友。弟子公都子不高兴,就问孟子,全国人都认为匡章是个不孝子,而老师却和他打得火热,你就不怕别人的非议吗?

孟子不认为是这样。孟子说,真正的不孝有五种。

"第一是四肢懒惰,不管父母的生活;第二是喜欢下棋又好酗酒,不管父母的生活;第三是喜欢财物,偏爱妻室儿女,

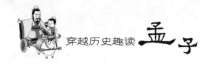
不管父母的生活；第四是放纵耳目的欲望，使父母因此蒙受耻辱；第五是逞勇斗狠，危及连累到父母。"孟子列举了五种不孝的情形，并坚定地认为，匡章的行为不在这五种不孝的情形之列。

　　匡章为什么会惹父亲不高兴呢？原来，匡章的母亲得罪了丈夫，父亲就把母亲杀了埋在马厩下面。匡章不满父亲的作为，和父亲搞僵了关系，所以齐国人认为匡章不孝。但孟子认为，匡章和父亲的关系不好，是因为他们互相责善的缘故。通俗地说，都想让对方做个好人，动机是好的但结果是坏的。所以，孟子认为父子之间不能以善相责，以善相责只能发生在朋友之间。

　　儒家认为"孝悌也者，其为仁之本与"，孝悌是做人的根本。而孟子也认为"事亲为大"。但孟子不是一个死守原则不放的人，主张做人做事要通权达变，具体情况要具体分析。孟子设身处地地替匡章着想，匡章在这件事上陷入了两难境地——顺着父亲的心意，那就是对母亲不孝；违逆父亲的心意重新埋葬母亲，那就是对父亲不孝。还是齐威王最后解开了这个难题，他告诉匡章，你打败了秦国之后，我会厚葬你的母亲。后来匡章果然率兵击败了秦军，齐威王也替匡章厚葬了母亲，一场父子之间以善相责的孝与不孝的难题，得以圆满解决。

　　晚年的齐威王故态复萌，不再过问国事。"稷下学宫"衰落了，人才流失很严重。这时，魏国开出优厚条件吸引人才，邹衍和淳于髡都去了魏国。孟子的母亲也去世了，在厚葬了母亲后，孟子离开了齐国。齐威王送了一百镒兼金，据说是2400两的大数目，这足以让孟子一生衣食无忧，但孟子没有收，给齐王留下了决绝的背影。

第五章
漫游宋、滕等国

　　从齐国离开之后，孟子带着弟子踏上了寻求推行仁政、实现王道理想的道路。只要听到哪个国家要实行仁政，孟子就日夜兼程赶过去，唯恐人家国君改了主意。宋国是一个地位尴尬的小国，宋王偃上台之初宣布要实行仁政，孟子赶紧到了宋国，结果连宋王偃的影子也没见到，收了人家70镒金走人。魏国是个霸主级别的国家，魏惠王招贤纳士，孟子就去魏国游说惠王推销仁政理念，在就要成功时，惠王不合时宜地死了。

　　弟子乐正克在鲁国当了大官，孟子迅速到了鲁国。鲁君本来要亲自拜见孟子，结果被小人臧仓从中作梗，孟子只好感叹天命难违。滕国国君是孟子的"粉丝"，对行仁政很感兴趣。但滕文公关心如何生存，孟子关心如何行仁政；南辕北辙的理想只能让滕文公对孟子"粉转路""路转黑"。而孟子也认为，滕国实在太小，周边大国强敌在侧，能不能活下来还是个未知数，更别说实施仁政了——虽然孟子说行仁政没有大国小国之分。孟子选择离开滕国，找条件更好的大国，继续追寻仁政和王道。

很傻很天真的宋襄公

听说新上台的宋王偃要实行仁政，孟子和弟子们星夜兼程到了宋国。宋国虽然不大，但"血统高贵"，是商朝后裔，商朝虽然灭亡，但周朝秉承"兴灭继绝"的原则，没有把商朝后裔斩草除根，而是给商纣王的哥哥微子划了一块地方建立宋国，并且给了很高的政治待遇，在"公侯伯子男"五种爵位中，享受"公"的爵位。宋国级别高，但毕竟是战败之国，实力又弱小，所以宋国人很自卑，常常以"亡国之遗"自称。

宋国也不永远是弱者，宋襄公时，宋国差一点就成了霸主。当时霸主齐桓公被他三个最爱的宠臣关进小黑屋活活饿死，齐国陷入争夺王位的内乱之中。宋襄公插手王位之争，带领军队打到齐国，立齐孝公为君，从而控制了齐国的内政外交，大有继承齐桓公霸业的趋势。但南方豪强楚国明确反对，宋楚两国进入争霸阶段。宋国毕竟是殷商后裔，很有贵族遗风，做任何事情都要讲礼制。一向标榜仁义的宋襄公在和楚成王的会盟中，天真地认为楚成王会讲规矩，没带兵就去会盟，结果被不讲规矩的楚成王抓住，后来在鲁国的调停之下才被放了回来。宋襄公一生气，干脆攻打支持楚国称霸

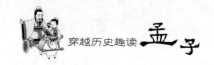

的郑国，楚国出兵攻打宋国的国都，双方军队在泓水相遇。吃了一次亏的宋襄公又开始讲仁义了，他本可以在楚国军队渡河时给楚军致命一击，但宋襄公觉得这样做特不仗义，坏了贵族战争的游戏规则。到底是商朝的后裔——宋国还遵守古时遗留下来的传统：打仗时要等到对方摆好阵势做好准备才能互砍，否则就是不厚道；不第二次伤害战场上受伤的敌人，否则就是没良心；不攻击头发花白的老人，否则就是不懂尊老之道。讲究仁义的宋襄公等楚军摆好阵势后，双方这才交战，结果宋军大败，襄公也被一箭射中大腿，第二年伤痛发作，不治而死。

在"礼崩乐坏"的春秋时期，社会规则就是不讲规矩的"潜规则"，悲剧的是，宋襄公模范地遵守了"明规则"，楚国完美地利用了"潜规则"。从此之后，很多人就嘲笑宋襄公"很傻很天真"，连带宋国也成了思想家们嘲笑的对象。孟子"拔苗助长"的寓言主角是宋国人；庄子说去南方做衣帽生意，结果去了一看人家根本不穿衣服，全身都是纹身，赔得血本无归的笨商人，也是宋国人；韩非子说"守株待兔"的人，还是宋国人。连本人是宋国人的庄子也经常黑自己的国家。这深刻反映了人性的黑暗——强者嘲笑弱者是人性的铁律，就像阿Q经常嘲笑王胡、小D，欺负小尼姑一样。

喜欢射天射人的宋王偃

宋襄公是个守规矩讲仁义的君子，他的后代宋康王却勇猛善战，让宋国的战力强到爆表。他相继与齐、楚作战，竟然把这两个老牌强国打败。宋康王又叫宋王偃，是宋国最后一任国君。作为倒霉的亡国之君，宋王偃与商纣王颇多相似之处，他仪表堂堂，据说"面有神光，力能屈伸铁钩"，是个有作为的国君。但秦汉以后，宋王偃就成了个不折不扣的坏蛋了，这与司马迁有关。司马迁把宋王偃描绘成一个荒淫无道的人，简直人神共怒。《史记》开了一个头，《战国策》更是把宋王偃写得和他祖上商纣王一样不堪。事实上，宋王偃的治国能力很强。他相继与齐、楚作战，竟然把这两个老牌强国打败。在《史记》中，宋王偃是个狂热的"射箭爱好者"，经常用布袋装满血，挂在高处用箭射，叫"射天"。除了射天，宋王偃更喜欢射人，要是有大臣劝谏，他一射一个准，在当时享有"桀宋"的恶名。

宋王偃继位之后宣称要实行仁政，孟子闻风而至。其实，弟子们对宋国实行仁政是抱怀疑态度的。弟子万章问孟子，宋国是个小国，现在想行仁政，齐国和楚国肯定反对而出兵攻击，那怎么办？孟子一贯认为仁政是国家富强的终极武器，无所谓大国小国。他告诉万章，"要是实行王政的话，天下

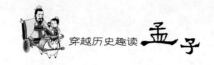
的人都抬头盼望，拥护他来做君主，齐楚虽然强大，那又有什么可怕的呢？"在孟子看来，老百姓都盼着实行王道与仁政，宋王偃要真的实行了仁政，就会得到天下人的拥护，那搞定齐国和楚国，简直就是小事一桩。

其实，孟子何尝不知道在小国推行仁政的艰辛，但他是个坚定执着乐观的人，哪怕有一个国家实行仁政，百姓得到了实惠，政府得到了民心，国家就会慢慢强大起来，其他国家肯定争相效仿，王道理想就会像被夜雨滋润过的小草，欢快而茁壮地成长。

大概是宋王偃整天忙着射天射人去了，孟子在宋国并没有见到宋王偃，这或许是孟子的幸运，否则宋王偃一言不合就要射人，"纵然功夫高，也得怕菜刀"，孟子肯定无处可逃。

偷鸡贼和学外语的隐喻

宋王偃射天射人很忙，没有时间和孟子讨论仁政的问题，他派了大臣戴盈之来请教赋税问题。孟子是民本主义者，又精通赋税制度。孟子主张恢复古代的井田制，显得有点不合时宜，但在国家治理上，孟子有超越同时期思想家的高度和深度。孟子主张制民之产、藏富于民，希望宋国首先改革赋税制度，实行百分之十的税率，其他的如关税、市场税一概免除。戴盈之没办法拍板，只好搪塞说，今年不行了，等明年再说吧。

孟子这回没有勃然大怒骂人，而是讲了一个故事。某人偷邻居家的鸡，有人告诉他这很不道德。偷鸡贼说我每月少偷一只，明年就不偷了。孟子接着告诉戴盈之，不合理的事情应该马上改正，何必等到明年呢？言下之意，戴盈之就是那个不肯马上悔改的偷鸡贼。

同样的情景发生在大臣戴不胜身上。大臣戴不胜认为宋国著名隐士薛居州是好人，就把他接到王宫中居住，希望影响宋王偃。孟子对这个做法很不以为然。他问戴不胜，有个楚国官员想让儿子学习齐国话，是请楚国人教还是齐国人教？戴不胜说当然是请"外教"好。孟子说，齐国人教他学齐国话，但好多楚国人整天用楚国话给他捣乱，就是用鞭子抽他，他也学不好。要是把他放在齐国繁华的大街上，就是用鞭子抽不让他学，也能学好齐国话。孟子告诉戴不胜，你说薛居州是好人，把他接到王宫里，但是全国上下就薛居州一个好人，而宋王的身边都是坏人，宋王也学不好，要是宋王身边全是好人，宋王去和谁学着做坏事呢？

其实孟子的意思很明白，宋王偃的身边缺少贤臣，宋国也缺乏培养和使用贤臣的环境，他的身边都是像戴盈之那样死不悔改的偷鸡贼和戴不胜那样浑浑噩噩的人物，在这个国家行仁政，没有任何希望。

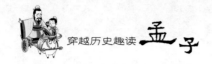

我不是来偷草鞋的！

孟子在宋国倒也不是一事无成，他认识了在游说诸侯三十年中唯一推行了他主张的人——当时还是滕国太子的滕文公。滕国太子出差时路过宋国，拜访了孟子。孟子告诉滕太子人性是善的，不要因为国与国之间的争权夺利、人与人之间的尔虞我诈就怀疑人性。人之所以会有恶，是因为没有保存好善心的缘故。如果人人都能保存善心修养道德，那么都可以成为尧舜那样的圣人。滕太子对成为尧舜那样的圣人很向往，对孟子的理论很感兴趣。不久，滕国国君去世，滕太子登上国君之位成为滕文公。他第一件事就是办一场风光的、让国人心悦诚服的葬礼。他对儒家那些纷繁复杂的葬礼仪式很没有信心，就两次派人去请教孟子。孟子鼓励他遵从自己内心的声音，勇敢去做。滕文公排除异议，按照儒家的葬礼仪式安葬了父亲，滕国人很满意，这也坚定了滕文公实施仁政的决心。这是孟子的主张第一次在一个国家实施，也是唯一一次。

孟子从宋国去鲁国，鲁国国君不给面子，没有来见孟子。孟子认为那是天意，是上天还没有准备好让他实现"平治天下"的理想，也让鲁国失去了一次大好机会。孟子干脆带领弟子到了滕国，住在滕文公为他准备的高级宾馆，享受着国师的待遇。有一天，一个宾馆服务员的草鞋不见了，怀疑被人偷走了，就问孟子是不是他的弟子偷的。孟子冷笑着说，你以为我们是来偷你草鞋的？事实上，孟子带着弟子们来到滕国，绝不是来偷草鞋的，他要向滕文公系统阐述他的王道理想和仁政措施——虽然滕国是个小国，但行仁政不分大小。行仁政恰恰是小国崛起，实现弯道超车跨越式发展的最佳捷径和最优策略。

孟子告诉滕文公，民众的事就是国家大事，这是治国理政的关键。首先要让百姓拥有资产，这叫"制民之产"。

睿智的孟子看到了行仁政的关键，只有老百姓人人有了资产和物业，他们才会安定下来。也就是说，滕文公要想成为尧舜禹那样的圣王，就必须善待百姓，让老百姓有资产过上安心日子，这样国家才会安定和谐。孟子仁政的第二条措施是"取民有制"，推行合理的赋税制度。孟子的经济思想有复古倾向，他认为夏商周三代的"什一税"是完美的赋税制度——推行百分之十的税率，只有这样，才能减轻百姓的负担。孟子认识到，除了"富口袋"更要"富脑袋"。他告诉滕文公，人民生活安定后，要大力发展文化教育，具体就是设立庠序学校来教育人民。

孟子告诉滕文公，如果朝廷上的人都懂得人伦关系，老百姓自然就会亲密起来，这样滕国就会有明君兴起，其他的国家必然学习效法，这样滕文公不仅是明君，还能在天下培养一大批明君，成为明君们的老师，这样的话，滕国必然会

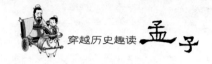
有新气象！

滕文公的"粉转路"与"路转黑"

孟子的仁政主张和王道理想有一个无比正确的逻辑：国君以民为本，百姓以国为本；国君善待百姓，百姓尊崇国君，百姓富裕国家安定，这就是孟子推行仁政、王道理想的路线图。按照孟子的制度设计，可以预见，在不久的将来，滕国将会成为最强大的国家——天下百姓争先恐后移民滕国，诸侯国的国君成群结队来滕国学习"滕国智慧"，推行"滕国方案"，一统天下的"滕国梦"越来越清晰。

梦想总那么美好，但现实却总是荒腔走板浮皮潦草。滕国位于两个超级大国中间，一个是齐国，一个是楚国。夹在他们中间，整天提心吊胆，搞得滕文公整个人都不好了。

楚国人是暴脾气，一言不合就开打；齐国人是蔫坏，步步为营在边境薛地修筑工事。滕文公对此忧心忡忡，请孟子拿主意。滕文公问孟子，滕国是跟着齐国混，还是去做楚国的小弟？孟子听了很为难，作为一个坚定的和平主义者，孟子坚决反对不义战争。他认为"春秋无义战"，抨击当时的战争"争地以战，杀人盈野，争城以战，杀人盈城"。他还在鲁国狠狠地教训了那个自认为善于打仗的将军慎滑厘，说他是个祸国殃民的好战分子，搞得慎将军很没有面子，恨不得砍孟子两刀。孟子只好说这超出了我的研究范围，要是非要我说，那就是深挖洞广积粮，深挖护城河，加固护城墙，军民团结如一人，试看天下谁能敌！反正是人在城在，人不在城就是齐国的了。

滕文公得不到满意的答案，换了个话题。滕国尽心尽力地服侍大国，到头来还是落得个灭亡的命运，到底该怎么办呢。其实滕文公这也是难为了孟子，因为，强者是强者的通行证，弱者是弱者的墓志铭，在那个奉行大鱼吃小鱼"丛林法则"的时代，孟子就是一身的智慧，也无法让滕国摆脱被吞并灭亡的命运。于是，孟子讲了一个故事。

"从前，周太王居住在邠地，狄人侵犯。周太王拿皮裘丝绸、好狗良马、珠宝玉器送给狄人，都不能免遭侵犯。于

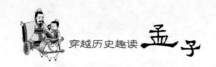

是召集邠地的父老，对他们说：'狄人想要的是我们的土地。我听说过这样一句话：君子不拿用来养活人的东西害人。你们何必担心没有君主？我要离开这里了。于是离开邠地，越过梁山，在岐山下建城邑定居下来。邠地的人说：'是个仁人啊，不能失去他啊。'追随他迁居的人，多得像赶集一般。也有人说：'土地是必须世世代代守护的，不是能自作主张的，拼了命也不能舍弃它。'请您在这两种办法中选择吧。"

他告诉滕文公，要么逃走，要么死守，其他别无选择。

滕文公差点没气吐血！自己本来是请个运筹帷幄的大师，哪想到孟子只会和稀泥，竟然说要么搬走要么死守，这两条路，滕文公一条也做不到！从此，滕文公对孟子由"粉"转"路"，由"路"转"黑"，完成了一个绝望的转变。

孟子在滕国呆了几年，仁政措施没有得到推行，但脾气渐长。滕文公的弟弟滕更来请教问题，孟子一言不发根本不理。

孟子没办法让滕国摆脱灭国的危险，又残忍地拒绝了国君弟弟的请教，滕文公对孟子的态度也一落千丈，估计从"国师"变"国人"，从五星级宾馆变成便捷式酒店了。孟子也感觉到，梁园虽好却非久留之地，为了王道理想，孟子还要继续流浪。

此时，魏国发布了招聘人才的广告，梁惠王用高薪聘请各国贤士，条件诱人，直接挖了齐国的墙角，邹衍、淳于髡等知名学者，都从"稷下学宫"辞职，跳槽去了魏国。

　　大约是在公元前 320 年，孟子离开滕国前往魏国，只留下滕文公还在苦苦思索孟子留下的是死守还是搬走的选择题。

第六章

和梁惠王的交锋

　　孟子不厌其烦向梁惠王灌输"仁政"和"王道"理想。但在南辕北辙的话语体系下，他们的对话显得很滑稽。梁惠王说你能给我国带来什么利，孟子说只谈利会给国家带来危险；梁惠王问有什么办法报仇雪恨，孟子说只要实行仁政，就是拿着棍棒都能打败秦国和楚国；梁惠王问什么是快乐，孟子说要和百姓共同快乐，否则就会像桀纣一样自取灭亡；梁惠王说自己为国家操碎了心，孟子说他这是"五十步笑百步"。梁惠王气得说不出话，孟子还在苦口婆心地骂——梁惠王的行为是率领野兽去吃老百姓。

　　正在孟子无限接近成功时，梁惠王不合时宜地死了。继任者梁襄王志大才疏，不知天高地厚问如何统一天下的问题，孟子极为不满，留下一句梁襄王不似人君的话，便离开了。

72

丢了三个人才，失去了一个时代

魏国是战国时期最先改革变法而强盛起来的国家，这得益于开国君主魏文侯和继任者魏武侯的文治武功。魏文侯从文化软实力入手，以人才为先，他请来孔子的弟子子夏，并拜他为师，营造出"贤尊于贵"的政治氛围。引进子夏，是个一箭双雕的策略。一是以子夏为核心，吸引了一大批优秀人才到魏国。子夏的学生中藏龙卧虎，公羊高、谷梁赤、段干木、田子方都是当时著名学者。魏文侯"师子夏，友田子方，礼段干木"，让魏国成为尊贤重贤的典范、人才的高地。第二，在子夏的影响下，魏国形成了"西河学派"，从而让魏国取代鲁国，成为当时儒家文化学术中心。

魏武侯主要从军事硬实力入手，南征北战，继续提升魏国的竞争力。作为一个战争狂人，他与吴起联手，谁不服就打谁，经常吊打秦、齐、楚、赵等国。但辉煌背后藏着隐忧，魏文侯靠人才、文化软实力积聚起来的强大国势，在魏武侯时代逐渐丧失，他中了离间计，猜疑军事天才吴起，致使吴起逃到了楚国并主持变法，让楚国迅速强盛起来。

魏国的第三代国君本来应该叫魏惠侯，也就是《孟子》书中所说的梁惠王。在执政早期，魏惠侯依靠强大的军事实力，继续开疆拓土，后来他将国都由安邑迁到大梁，国势逐

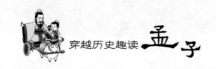

渐衰落。东方的齐国重新崛起，魏惠侯只好在徐州和齐国国君齐威侯开会，被迫承认齐威侯为王，而作为回报，齐威侯也尊魏惠侯为王。从此，齐威侯成了齐威王，而魏惠侯成了魏惠王。由于魏国定都大梁，历史上一般称他为梁惠王。

梁惠王重蹈魏武侯的覆辙，他喜欢人才偏偏更喜欢夜明珠，但他不知道自己国内有比夜明珠珍贵万倍的人才，弄丢了三个人才，失去了魏国强大的时代。第一个是改革家军事狂人吴起，跑到了楚国，第二个是跑到了秦国的商鞅，第三个是被统帅庞涓搞成残疾人，后在齐国使者帮助下逃回齐国的孙膑。商鞅跑到了秦国，主持了足以影响战国历史进程的商鞅变法。在秦国强大起来后，商鞅回过头来反咬一口，大败魏国。孙膑本来是魏国统帅庞涓的同门师弟，庞涓嫉贤妒能迫害孙膑，致使孙膑逃回齐国，担任了齐国的军师，并在以后的桂陵、马陵之战中，杀掉庞涓、俘虏魏太子，打败魏国。从此，魏国"东败于齐，西丧秦地七百余里，南辱于楚"，"四战之地"的魏国陷入了四面楚歌。

梁惠王求争霸，孟子行仁政

孟子率领弟子们"后车数十乘，从者数百人"，场面宏大地来到魏国。梁惠王见到孟子，急不可耐地问，老头子这次来，准备给魏国带来什么好处啊？孟子一听就炸了，怎么这些国君全是一路货色，只求小利不求大利而急功近利呢。

孟子说，"为什么您开口闭口就是利益呢，为什么不谈仁义？如果全国上下都利字当头，上下交相争利，那国家就很危险了。有一万辆兵车的大国，杀了国君的，一定是有一千辆兵车的大夫；有一千辆兵车的国家，杀掉国君的，一定是有一百辆兵车的大夫。要是人人都以利字当头，大夫不把国君的产业夺过来是不会满足的。反过来说，讲仁的人不会抛弃父母，讲义的人不会不顾君王。所以，大王只说仁义就行了，何必说利呢？"

梁惠王不甘心，向孟子掏了心窝子：当年魏国何其强大，但到了我的时候，东边被齐国打败，儿子被俘虏；西边被秦国夺去西河之地七百余里；南边又被楚国夺去八座城池，我一定要报仇雪恨，您给我出个主意吧。

孟子认为梁惠王的格局狭小，不是求利益，就是只顾报仇雪恨，这绝对不是一个仁义君主的正确打开方式。在孟子看来，真正有作为的国君应该推行仁政。孟子告诉梁惠王，国家强盛要依靠两样终极武器。一是打造国家"硬实力"，对老百姓实行仁政，少用刑罚；别什么税都收，要减轻赋税，大力发展农业，巩固国家经济和政治基础。二是进行"软实力"建设，让壮年人在闲暇时可以奉养孝顺父母，敬爱兄长，忠于职守。这样的话，百姓在家孝顺父母敬爱兄长，在外忠于职守尊敬长上，就是让他们拿着棍棒也能打败披坚执锐的

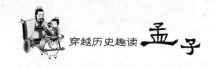
秦楚的军队。可能孟子觉得有点不靠谱，就进一步解释说，因为秦国和楚国不实行仁政，常年驱使百姓参加战争，让他们田地荒芜妻离子散，不得人心，您要是派军队去讨伐秦国和楚国，就是解救"万民于倒悬"之中，他们欢迎都来不及，怎么可能抵抗您呢？所以，"仁者无敌"，惠王您不要再迟疑了！

这就是孟子的"仁政"思想，"仁政"就是把"仁者爱人"的思想推广到百姓身上。用孔子的话说是"己欲立而立人，己欲达而达人"；用孟子的话说是"推恩于百姓"。国君爱百姓，百姓安居乐业；百姓爱国君，国家繁荣富强。上下一心其利断金，国家强盛指日可待，王道理想实现之日，就是天下一统之时。

孟子的仁政措施和王道理想，在逻辑上很完美，但在现实中，只是看起来很美而已。在那个强权就是逻辑，落后就是灭亡的战国时代，没有人会留给你笃定地实施仁政的时间和空间，也没有人会傻到让老百姓拿着棍棒就去攻打强大的楚国和秦国。魏国就像一个垂死的心脏病人，需要速效救心丸来保命，而孟子的仁政主张，却像是一剂调理身体的中药，需要时间去发挥药效，"霸道"和"王道"的区别就在于此。梁惠王认为孟子"迂远而阔于事情"，孟子认为梁惠王整天想报仇雪恨境界不高，两个人像相背而行的列车，双方距离越跑越远。

与民同乐和率兽食人

梁惠王正站在园林里看风景,看风景的孟子在园林里看他。梁惠王看着自己私家园林里,麋鹿与大雁踱步,飞鸟共花朵同舞,心情特别舒畅。他问孟子,贤人也会有雅兴享受快乐吗?言下之意是,你们这些满口仁义的贤人,整天眉头紧锁忧国忧民,要懂得享受现实的快乐,别一说话就把话题引到仁政上去,正所谓"若无闲事挂心头,便是人间好时节"。看这意思,梁惠王对孟子的态度有所好转,准备邀请孟子在私家园林里散散心。

孟子这次没有直接谈仁政,而是绕了一个大大的圈子。他说,只有贤人才能真正享受这种快乐,不贤德的人虽然有这种快乐,他也不会享受,或者说享受得不长久。周文王准备建园林,百姓为他建造,建好之后取名叫灵台和灵沼。周文王把建好的私家园林免费开放,和百姓一起游乐。夏朝的末代君主夏桀,自比是太阳,而老百姓诅咒他快点死。没有老百姓的信任,光有高台深池奇鸟异兽,你难道还能独自享受吗?

梁惠王本来想和孟子开个玩笑缓和下气氛,顺便堵住孟子的嘴,别动辄就是仁政和王道。哪想到孟子绕了一圈,搬出正面榜样周文王来教训他,又挖出反面典型夏桀来吓唬他,

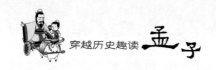
最终还是落到仁政上面。还能不能一起愉快地玩耍啦？估计梁惠王气得肚子疼。

梁惠王不想和孟子说话，孟子却找上门来批评他。孟子骂梁惠王是百兽之王、杀人魔王。孟子说，统治者不关心百姓，就等于率领野兽吃人，梁惠王不敢多说，只好谦虚地表示，寡人愿听先生指教。孟子问梁惠王，用刀子杀人和用木棒杀人有什么不同，梁惠王说没什么不同；孟子又问，那用刀子杀人和用政治杀人有什么不同？梁惠王说也没有不同。孟子说，厨房里有肥美的大肉，马厩里有膘肥的大马，可老百姓面有饥色，野外有饿死的尸体，这就等于是率领野兽吃人。野兽们互相残杀，人们尚且厌恶，做人民的父母官，却免不了率领野兽吃人，怎么能做人民的父母官呢？

孟子告诉梁惠王，要做与民同乐、关心百姓的仁君，而不是与百姓为敌、率兽食人的暴君。仁君把百姓放在心里，暴君把百姓骑在身下。孟子与民同乐的观点，其实是他"民为重，社稷次之，君为轻"思想的先声，这种思想在封建社会，因为稀少和大胆，显得更加弥足珍贵。

仁政的三步走战略

梁惠王很委屈，自己用心治理国家，但情况仍然不见好转。他想找孟子诉诉苦，告诉他自己并非昏君，更不是暴君。

　　梁惠王对孟子说，"我费尽心力治理国家，河内有了灾年，就把那里的民众迁往河东，把粮食运到河内；河东有了灾年，也是这么做的。而看邻国，没有一个国君像我这样，可是我的人民没有增加，邻近国家的人民也没有减少，这是为什么呢？"

　　梁惠王认为自己比邻国的那些国君强多了，可是天下的老百姓并没有归心于他，孟子不是说"仁者无敌"吗？怎么我现在是"仁者无人"呢？

　　孟子认为仁政是一个整体施策的综合性系统。梁惠王治国方法有问题，河内灾年就把百姓迁往河东，河东灾年迁往河内，要是全国都是灾年，还能把百姓迁到哪里去？这是头疼医头脚疼医脚，根本没有抓住治国理政的根本。考虑到梁惠王已经被他怒怼了几次了，这一次孟子很委婉。

　　孟子说，"大王喜欢战争，我就拿战争来打个比方吧。战鼓敲响，与敌人的兵刃刚接触，有的人就丢盔弃甲往回跑，有的人一口气跑了五十步，却嘲笑那些跑了一百步的人是胆小鬼，您觉得可以吗？"

　　梁惠王脱口而出，都是一样的胆小鬼。

　　孟子说，"大王要是懂得这个道理，那就别指望你的人民比邻国多了。"

　　孟子的意思是说，梁惠王就是跑了五十步的胆小鬼，却理直气壮笑话跑了一百步的怕死者。梁惠王虽然埋头苦干，

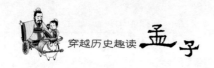

但没有抬头看路，没有真正抓到事情的重点。真正聪明的国君，应该推行仁政，不仅让老百姓吃饱穿暖有活干，还要让百姓感受到政府的温暖；政府不仅要给老百姓温暖，还要建设"王道主义"核心价值观，这个核心价值观就是温饱、温暖和尊严。只有这样，才能天下归心仁者无敌。

雄辩的孟子，无论说什么话题，总能逻辑严密地引到"仁政"和"王道"理想上去，而且毫无违和感。孟子认为梁惠王的思想有三点错误，一是给老百姓小恩小惠就觉得自己居功至伟；二是在施政上东一榔头西一棒槌，没有科学的顶层设计；三是把老百姓的困苦归罪于天灾，殊不知人祸大于天灾。

既然梁惠王一门心思增加人口，孟子就抓住这一点进行论述，给梁惠王讲一讲王道之始的思想。具体来说，就是三步走战略。

第一步，按照自然规律发展农业生产，解决百姓的温饱问题。

孟子告诉梁惠王，"不耽误农业生产的季节，粮食就会吃不完。密网不下到池塘里，鱼鳖之类的水产就会吃不完。按一定的季节入山伐木，木材就会用不完。粮食和水产吃不完，木材用不完，百姓对生养死葬没有什么不满了。百姓对生养死葬没有不满，这是王道的开端。"

第二步，发展田园经济，让老百姓达到小康生活。

"五亩大的住宅场地，种上桑树，五十岁的人就可以穿丝织品了。畜养鸡、猪、狗等家畜，不要耽误它们的繁殖时机，七十岁的人就可以吃肉了。百亩大的田地，不要耽误耕作时节，数口之家就可以不受饥饿了。"

第三步，大力兴办教育，提高人民的知识素养和道德水平。

孟子说，"兴办学校教育，把尊敬父母、敬爱兄长的道理反复讲给百姓听，须发花白的老人就不会背负或头顶重物在路上行走了。七十岁的人能够穿上丝织品、吃上肉食，百姓没有挨饿受冻的，做到了这些而不能统一天下称王的还从未有过。"

孟子告诉梁惠王，要反思自己，是否真正做到对老百姓尽心了。"猪狗吃人所吃的食物，不知道制止；道路上有饿死的人，不知道开仓赈济。百姓死了，就说这不是我的错，是因为年岁不好。这种说法与拿刀杀人后，说杀死人的不是我，是兵器，没有什么不同。大王如果不归罪于年成不好，那么天下的百姓都会来归顺了。"

不杀人的仁君才能统一天下

孟子到魏国的第二年，在梁惠王慢慢接受孟子的时候，梁惠王死了，让孟子的仁政主张和王道理想，变得渺茫起来。

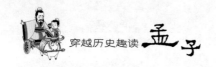

　　继位的梁襄王年轻气盛，大概还没有体会到江湖险恶，他喜欢仰望星空，做着重振魏国雄风的梦。有一天，他问孟子，天下如何才能安定下来。

　　孟子回答说，只有天下统一了，才能安定下来。梁襄王说，那谁能够统一天下呢？言外之意是，老先生您看看我，胸怀大志年轻有为，能否一统天下？

　　在孟子看来，梁襄王要是聪明的话，应该问如何才能统一，而不是问谁能够统一。孟子感觉梁襄王和自己之间有一个梁惠王的差距。但孟子还是耐心地解释，只有不喜欢杀人的君主，才能统一天下。梁襄王很奇怪，他问孟子，一个君主不杀人，别人怎么可能听话呢？

　　孟子回答说，"大王您知道禾苗生长的规律吗？当七八月间一发生干旱，禾苗就要枯萎了。一旦天上乌云密布，下起大雨，那么禾苗就长得茂盛了。像这样的话，谁能阻止它呢？而现在天下国君，没有一个不喜欢杀人。如果有一个不喜欢杀人的国君，那么普天下的百姓都会伸长脖子仰望他了。如果像这样，老百姓就归附他，就像水往低处流一样，这汹涌的势头，谁又能够阻挡得了呢？"

　　孟子告诉年轻的梁襄王，君主的仁心就像天上的雨水，"好雨知时节，当春乃发生"，要让自己的仁爱之心，"随风潜入夜，润物细无声"，滋润百姓的生活和心灵。一旦如此，民心就会像雨水一样汇成巨流，百川归海民心归一，这样的君主自然可以一统天下。

这一次谈话，孟子说得滔滔不绝，但心里却很不爽，他认为梁襄王根本就不像个人君的样子。他告诉弟子梁襄王远看不像个人君，走近也看不到他的威严，就更不像个人君了。梁襄王不能正确理解自己的意思，这很不聪明；梁襄王不知天高地厚存有称霸天下的野心，这很不理性。一个人要是既不聪明也不理性，连生存都会有问题，更何况是带领国家实行仁政了。孟子感到仁政理想希望渺茫。

梁惠王死后不久，齐威王也死了，继位的是年轻的齐宣王。齐宣王胸怀大志，恢复了"稷下之学"，遍撒英雄帖，邀请当年"稷下学宫"的名教授们回到稷下，继续做政策咨询、搞学术研究。据说孟子也赶紧带着弟子赶往齐国，继续追逐他的仁政和王道梦想！

第七章

第二次到齐国追逐梦想

　　孟子与齐宣王神交已久。第一次去齐国时，远远地看见了当时还是王子的齐宣王，当即感慨"居移气，养移体，大哉居乎"，良好的环境造就了齐宣王气宇轩昂的气质，比"望之不似人君"的梁襄王好上不知道多少倍；齐宣王也早闻孟子大名，在孟子到齐国后，还偷偷派人观察，看看他和常人有什么不同。

　　按照这样的逻辑，孟子和齐宣王不是相见恨晚就是一见钟情。但在他们之间横亘着一道巨大的鸿沟——孟子反对不义战争，希望推行仁政实现王道；齐宣王希望用武力实现霸道，两种不同的价值观，必然会带来激烈的碰撞和冲突。

　　孟子执着而滑头，无论什么话题都能引到仁政上去；齐宣王滑头且执着，一门心思行霸道。面对孟子咄咄逼人的游说，他一会儿说自己贪财好货，一会儿说自己逞强好勇，最后干脆"自黑"说自己是个好色之人，就是为了堵住孟子的嘴。但齐宣王无论说什么，孟子总能找到论据来证明，只要推恩于百姓就可以王天下。

燕国内乱，齐国趁机派兵占领了燕国。孟子劝齐宣王赶紧撤军，齐宣王不听，各诸侯国联合起来打败齐国，埋下了齐国衰落的种子，齐宣王"甚惭于孟子"。而孟子认为，在齐国待下去已经没有任何希望，带着不舍离开了齐国，回到家乡潜心研究学问教书育人。

格君心之非

孟子是个"路见不平一声吼"的人，第一次到齐国时，看到蚔蛙在其位不谋其政，几句话就把蚔蛙说得羞愧万分主动辞职。在去齐国的路上，孟子发现齐国边境城市平陆的地方官孔距心的执政方式很有问题，与自己提倡的仁政差距很大，但孔距心偏偏认为自己是个尽职尽责的好官员。孟子问孔距心，如果你的士兵一天开了三次小差，应该如何处理？孔距心说，不要三次，一次就把他开除了。孟子说，那你治理的地方发生灾荒，老百姓饿死街头，年轻人逃离家乡，这是谁的责任呢？

孔距心一听，孟子又骗我辞职啊。他辩解说，这不是我所能办到的。孟子一听，原来孔距心口不服心也不服。孟子说，假如有个人受人之托替别人照看牛羊，那他一定会想办法找到草料和牧场，不会让牛羊饿死，万一找不到，是把牛羊还

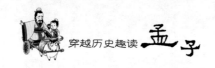

给主人，还是眼睁睁地看着牛羊饿死呢？言下之意你要没有能力照顾好百姓的生活，干脆把平陆还给齐宣王，让齐宣王找个有能力的人来干。所有拿着工资不替人民服务的官员都是尸位素餐，孔距心一听赶紧说我知罪了。

孟子到了齐国，带着弟子们深居简出，一直没有去见齐宣王。弟子们很着急，催孟子赶紧去找齐宣王，孟子认为心急吃不了热豆腐，要慢慢来。后来孟子倒是去见了齐宣王，丝毫没有提起"仁政"的事情。弟子们就更加着急了，孟子告诉弟子们，"真正有责任心的臣子，一定要能匡正君主的心，指出他的错误。一个国家的君主有了仁爱之心，天下都有仁爱之心，君主做正义之事，天下人都会做正义之事，君主正直无私，天下也会正直无私。国君正了，天下也就正了"。所以，孟子认为自己最要紧的事情，是匡正国君的思想。而改造思想，则是先从"攻其邪心"开始。

"格君心之非"，即纠正君主的错误思想，是儒家一个源远流长的政治观念，也是中国古代知识分子"以德抗位"的精神源泉。

齐宣王不是小气鬼

齐宣王和孟子终于开始正式谈事情了。齐宣王知道孟子主张王道反对霸道，就先下手为强。他问孟子，先生能否为我讲讲齐桓公、晋文公的故事？齐桓公是春秋时期第一霸主，是齐国人的骄傲；晋文公是和齐桓公齐名的第二霸主。齐桓公、晋文公创立的霸业，是梦想雄霸天下的君主们效法的光辉榜样。

孟子来到齐国，可不是来给齐宣王讲称霸故事的，他绝不会在"霸道"上浪费口舌。孟子告诉齐宣王，齐桓公、晋文公的事情，我不大清楚，如果一定要我说，那就说说王天下的事吧。

齐宣王不想和孟子一见面就不欢而散，很"配合"地问孟子，要具备怎样的条件才能称王于天下呢？孟子说，"保民而王"，只有保护民众的利益不受侵害的君主才能称王于天下。齐宣王问，像我这样的人能保护民众吗？孟子说，当然可以了。齐宣王问孟子，你凭什么认定我能够保护民众呢？

孟子告诉齐宣王，你不忍心看着一头牛被杀死去祭钟，就让人换成了羊，别人认为你很小气，而我认为你是个有仁爱之心的君主。这正好说到齐宣王的心坎上。齐宣王正为这个事情郁闷呢，本来自己大发慈悲，让人把牛换成了羊去祭钟，哪想到被国人讽刺为小气鬼。听孟子这么一说，心情愉快了很多。但齐宣王不明白，自己的恻隐之心如何能与称王于天下联系在一起。孟子告诉齐宣王，实行仁政不是能不能的问题，而是愿不愿去做的问题。

孟子说，如果有个人告诉你，他能举起三千斤重的东西，

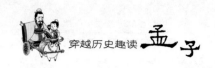

却拿不起一根羽毛；他能看见秋天鸟兽身上细小的绒毛，却看不见一大车的柴火，大王相信吗？

齐宣王说我绝对不相信，这不就是个"大忽悠"吗？

孟子说，现在大王已经将仁爱之心推恩到禽兽身上了，却没有将仁爱之心推恩到百姓身上，是什么原因呢？拿不起一根羽毛那是不肯用力，看不见一车柴火那是不肯去看，所以，大王没有称王于天下，那是不肯去做而已。

为了加深印象，孟子又举了两个例子：把泰山夹在胳膊下跨过北海，对别人说我没有能力做到，这是真的没有能力做；为老人按摩，告诉别人说我没有能力做到，这是不肯做，是推脱责任。

齐宣王能推恩于禽兽，为什么就不肯推恩于天下呢？如果齐宣王将仁爱之心放在百姓身上，那么称王于天下将易如反掌。

孟子的意思已经非常明白：

仁政其实很简单，将"恻隐之心"推恩于老百姓就行了；王道其实很简单，把"仁爱之心"推广到国家治理上，这就是王道之道。

推恩天下其实很简单，只要做到"老吾老以及人之老，幼吾幼以及人之幼"就行了。

赡养自己的长辈，也赡养别人的长辈；抚养自己的孩子，也抚养别人的孩子。把仁爱之心由近及远地推广出去，让爱

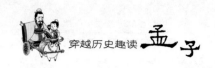

的阳光温暖天下每一个人，国君仁爱天下归心，这样就可以实现王道了。

孟子语重心长地告诫齐宣王："权，然后知轻重，度，然后知长短，人心亦然。"请齐宣王认真权衡利弊，如果推恩于天下，得民心王天下；如果劳师兴兵让生民涂炭，则失民心丢天下，说不定身死国灭，孰轻孰重，不言自明。

齐宣王的欲望很危险

孟子"不能"和"不为"的理论，让齐宣王大受震动。原来行仁政很简单，只要把"恻隐之心"用到百姓身上就好了。在那一刻，齐宣王开始向往王道理想了。

但齐宣王是个执着的霸道主义者。他告诉孟子，自己发动战争并非逞一时痛快，而是有远大的目标。孟子深知齐宣王的大欲是与诸侯争霸，让齐国重回巅峰。但孟子并不点破，而是一步步"请君入瓮"。

孟子问齐宣王的最大欲望是什么？滑头的齐宣王笑而不答。孟子说，您是为了肥美的食物、轻暖的衣服、华丽的饰品，还是成群的仆人？齐宣王说都不是。孟子说，您是梦想扩大土地，让秦楚这样的大国来朝贡，做天下的盟主，安抚四方少数民族？齐宣王点头不语。

孟子说到齐宣王的心里去了，齐宣王很高兴。孟子话锋

89

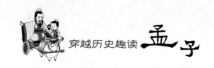

一转说，要是按照您的梦想，好比是爬到树上去抓鱼，而且比这个更严重。到树上去抓鱼，顶多抓不到鱼，但没有灾祸，要是按照您的梦想去做，必然会有灾祸。

齐宣王赶忙问，那有什么灾祸呢？

孟子没有直接回答，继续编织他的"语言圈套"：邹国与楚国打仗，哪个会胜利？齐宣王说，当然是楚国胜。

孟子告诉齐宣王，从外交策略上来说，小国不能和大国对抗，否则就是死路一条。现在天下有九千平方公里那么大，而齐国只是其中的九分之一，以齐国的力量，能和天下对抗吗？这与邹国与楚国交战又有什么区别呢？

孟子的意思是，以齐国一己之力与天下对抗，必遭祸殃，而行仁政则能收民心，得民心者得天下。

仁政就是富口袋富脑袋

绕了一个大圈子，孟子终于回到了正题，他要向齐宣王系统阐述仁政和王道理想了。首先，他向齐宣王描述了行仁政之后的美好预期：

天下读书人都来做官，齐国会形成人才的集聚效应；

老百姓都来耕种土地，齐国会形成农业的集聚效应；

商人们都过来做生意，齐国会形成商业的集聚效应；

游客们都来旅游观光，齐国会形成旅游业集聚效应；

痛恨君主者都来诉苦，齐国会形成天下归心的效应。

做到了这些，还有谁能阻挡您称王于天下的脚步呢？

齐宣王被孟子描述的仁政图景所打动，要是真能如此，就可以称王天下了。齐宣王说我思想昏乱，请您教导我，我虽然能力不强但愿意去做。

孟子告诉齐宣王，行仁政要推行三条措施。

一是让百姓有固定的产业。因为只有拥有固定资产，百姓才能安居乐业，这样才会形成"恒心"，如果没有恒心，百姓什么坏事都干得出来，等到犯罪再去惩罚他们，这就是陷害百姓，哪有仁爱的君主陷害百姓呢？

二是要让百姓过上温饱的生活。让他们可以赡养父母抚养妻子儿女，好年成生活无忧，坏年成不至于饿死。

三是要以文化人，通过学习伦理道德，提升全社会的道德素养。

孟子的仁政和王道思想，是建立在"仁者爱人"思想和"性善论"基础上的美好理想，这种制度设计要求君主有仁爱之心推恩之愿，要求君主真正以民为本。从长远发展来看，这无疑有利于社会进步，但这需要时间。

孟子的仁政主张固然可以开出娇艳的花朵，收获丰硕的果实，但在战国的刀光剑影疾风暴雨中，恐怕仁政的种子还没有发芽，就被雨打风吹去了。但孟子思想中浓烈的民本意识和先富后教的思想，对后世影响深远，让王道理想成为抗

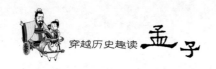

衡霸道思想的另外一种政治理想，虽然从未实现，但必将永远闪耀光芒！

与民同乐

一身艺术细胞的齐宣王，最喜欢听吹竽，还得是几百人的乐团集体演奏的那种。有一个五音不全估计连竽都吹不响的东郭先生，混进乐团，装模作样骗了齐宣王好多年。直到齐宣王去世，齐闵王上台才露了馅，因为齐闵王喜欢听独奏音乐会，这就是"滥竽充数"的故事。

按照中国古老的政治传统，齐宣王应该听上古的音乐，而不是现代的流行音乐。因为古代的音乐不仅是怡情益智的工具，还具有政治和伦理教化的功能。所谓"安上治乱莫善于礼，移风易俗莫善于乐"，所以中国文化中有"礼教"和"乐教"的传统。孔子就是音乐大师，但他喜欢的是古乐，不喜欢流行音乐。你要是请他去听郑国音乐，孔子肯定和你急。因为他认为"郑声淫"，那些缠绵的小情歌容易让人心旌摇荡。所以他提倡听正统的宫廷音乐雅乐。诗经中的"风雅颂"，"风"就是各国的民歌，相当于俗乐；"雅颂"就是宫廷祭祀音乐，是雅乐。而齐宣王就是流行音乐的"发烧友"，特别喜欢心旌摇荡的俗乐。

齐宣王不喜欢雅乐喜欢俗乐。有一次，孟子问齐宣王是不是喜欢音乐，齐宣王脸刷的一下子红了。他告诉孟子，自己最喜欢听音乐，不过不是雅乐而是俗乐。齐宣王认为这个爱好不雅，不好意思让别人知道。孟子说，这倒无所谓，古代的音乐和现在也差不多。

孟子认为利用齐宣王喜欢音乐的特点，向他灌输仁政的思想蛮合适，于是就谈起了欣赏音乐的快乐。

"请让我给大王讲讲欣赏音乐和娱乐的道理吧。假如大王在奏乐，百姓听到大王鸣钟击鼓、吹箫奏笛的声音，都觉得头痛，愁眉苦脸地相互议论说，'大王喜好音乐，为什么让我们这般穷困呢？父亲和儿子不能相见，兄弟妻儿分离流散。'假如大王在围猎，百姓听到大王车马的喧嚣，见到华丽的仪仗，都愁眉苦脸地相互议论说，'大王喜好围猎，为什么让我们这般穷困呢，父亲和儿子不能相见，兄弟和妻儿分离流散。'这没有别的原因，是大王只图自己快乐而不和民众一起娱乐的缘故。"

"假如大王在奏乐，百姓们听到大王鸣钟击鼓、吹箫奏笛的音声，都开心地相互告诉说，'大王大概没有疾病吧，要不怎么能奏乐呢？'假如大王在围猎，百姓们听到大王车马的喧嚣，见到华丽的旗帜，都开心地相互告诉说，'大王大概没有疾病吧，要不怎么能围猎呢？'这没有别的原因，就是和民众一起娱乐的缘故。假如大王能和百姓们一同娱乐，那就可以成就王业，统一天下。"

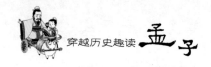

　　孟子告诉齐宣王，同样是音乐和打猎，百姓截然不同的态度表明，百姓关心的不是音乐和打猎本身，而是君主能否真正与民同乐。君主与百姓同乐，则天下和谐；君主不顾百姓死活独自享乐，百姓必然不让君主日子好过。所以，君民同心，其利断金；君民离德，日子难过。真正的快乐不是躲起来偷着乐，而是与百姓同乐！

与民同忧同享

　　孟子认为君主不仅要有与民同乐的胸怀，更要有与民同忧、与民同享的境界。作为国君不能整天正襟危坐，把日子过得清汤寡水，也要开心找乐子，但最重要的是，在享受快乐这件事上，你不能"吃独食"，要和老百姓一起开心。当然，一个爱民的君主，更要有周文王"视民如伤"的胸怀，把百姓的事放在心上，而不要百姓生灵涂炭，君主却笑容灿烂。

　　"作为一国之主而不与民同乐，也是不对的。国君以百姓的快乐为快乐，百姓就会以国君的快乐为快乐；以民众的忧愁为忧愁的，民众也会以国君的忧愁为忧愁。和天下人同乐同忧，这样还不能使天下归服，是没有过的。"

　　这是孟子和齐宣王在雪宫的一段谈话，当时齐宣王正在雪宫别墅度假。他问孟子，你们贤人也有这种快乐吗？这和当年梁惠王问孟子的一样。关于与民同乐的问题，孟子已经谈了很多，这一次，孟子要从关心天下百姓疾苦的角度，和齐宣王好好聊一聊。孟子告诉齐宣王，人人都有追求快乐的欲望，这本身无可厚非。但有很多人因为得不到快乐，就抱怨君主，"红眼病"当然不对，但君主不关心百姓疾苦的"冷漠病"，也是错误的。真正仁爱的君主，不仅要与民同乐，更要与民同忧。

孟子再次举例说明，这次是齐景公的故事。齐景公想到全国各地去看看，为此征求晏子的意见。晏子告诉他，古代的圣王其实也出去旅行，但不是游山玩水，而是视察民情，发现百姓生活困苦，马上就去解决问题。现在的国君倒真的是去游山玩水的，沿途大吃大喝，百姓怨声载道，您选哪一种呢？齐景公马上取消了长途旅行的计划，开仓放粮接济百姓。孟子用齐景公的故事告诉齐宣王，君主有追求快乐的权力，但更重要的是有心怀天下的胸襟，时刻不忘百姓的疾苦。

其实，齐景公还有一个类似的故事。一个大雪天，齐景公穿着雪白的裘皮大衣坐在朝堂上，说天气真奇怪，怎么一点也不冷。晏婴冷得打哆嗦说，不冷吗？齐景公不说话。晏子告诉齐景公，古代的贤君，自己吃饱也要想到还有人饿着；自己穿暖也要知道还有人受冻；自己舒服安逸也要知道还有人辛苦劳累，而这些大王是不知道的。齐景公一听就明白，晏子这是讽刺自己饱汉子不知饿汉子饥、站着说话不腰疼，他明白了晏子的良苦用心。

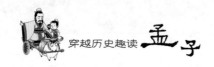
齐宣王兴趣广泛，除了听音乐之外，还喜欢骑马钓鱼打猎。他有个方圆四十里的大苑囿，但他还是不开心，因为他的园子比周文王的小很多。周文王的方圆七十里，老百姓还嫌小；他的苑囿小很多，民众却认为园子太大了。齐宣王认为人心不古，"总有刁民要害朕"，这帮老百姓良心坏掉了。

孟子却不这样看。孟子认为百姓对苑囿的态度，恰恰反映了周文王和齐宣王对百姓的态度——一个是与民同乐，一个是独自占有。仁政的重要原则是政府要为百姓提供公共产品，而不是把美丽的地方都圈起来建造私家园林，甚至卖门票敛财。孟子是借题发挥的高手，他告诉齐宣王，周文王的苑囿很大，但完全是对民众免费开放，所有人都可以在苑囿里流连忘返；而你的苑囿虽然小，但把它当成了私人财产。

如果老百姓在你的苑囿杀了麋鹿，你就杀了老百姓，这样的苑囿无异于机关重重的害人陷阱。所以，这样的苑囿再小，老百姓也觉得大。

孟子与民同乐同忧的主张，是他以民为本思想的具体体现。孟子认为，仁政的逻辑起点是与民同欢乐共患难，而仁政的终点是与民同享。这种与民同乐、同忧、同享的理念，虽然在君主专制的时代没有实现的可能，但以民为本的思想，为后世提供了一个理想的范本。千年以后，一代名臣范仲淹说，"先天下之忧而忧，后天下之乐而乐"，就是对孟子思想的最佳注脚，是中国人胸怀天下精神的源泉。

好勇好货好色，都不是问题

孟子和齐宣王都是太极高手，孟子千方百计把仁政理念灌输给齐宣王，齐宣王想方设法抵挡孟子的思想。就像黄药师用"碧海潮生"的曲子扰乱郭靖的心神，郭靖则用内力抵抗诱惑一样。孟子知道齐宣王的欲望是武力争霸重新崛起，孟子决心从外交政策上去施加影响。

孟子告诉齐宣王，仁爱的君主能以大国爱护弱小的国家；明智的君主要审时度势侍奉大国，这样大国放下架子，小国尽心竭力，构建战国"人类命运共同体"，世界就和平了。而齐宣王整天盘算着吞并小国争霸天下，哪里会同意"以大

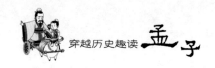

事小"的外交政策。但他脸上面如秋水,你可以舌绽莲花,我假装笑靥如花,你说你的我做我的。

齐宣王说,我有个毛病,喜欢勇猛。

孟子说勇猛好啊,但勇猛分成大勇和小勇。大勇就像周文王、周武王一样,一怒而安天下;小勇就像街头的小混混,动不动就和人互砍,您要是有文王武王那样的大勇,老百姓还怕您不好勇呢。

齐宣王想拆掉明堂,孟子说不能拆,明堂是周朝进行国家祭祀的场所,也是周朝实行仁政的象征。要实行仁政,就要学习周文王;学习周文王,就不要拆掉明堂。

孟子告诉齐宣王,周朝有六条治国举措:

一是实行九分之一的税收;二是做官的人世代继承俸禄;三是只管理市场而不收税;四是任何人都可以自由打猎捕鱼;五是只惩处犯罪的人而不株连妻子儿女;六是兜底线做好社会保障工作,照顾优抚鳏寡孤独穷苦无依的人。

孟子一口气向齐宣王谈了税收、法制建设、社会保障等政策,齐宣王听了大为称赞,孟夫子您说的太好了!但孟子是战国时期第一"耿直 BOY",他马上来了一句,既然好,为什么不去做呢?一句话又把齐宣王呛了个半死。

孟子认为,齐宣王就是口惠而实不至的空谈家。有益于国家和人民,就应该马上去做,因为空谈误国实干兴邦。虽然被怒怼了一次,但齐宣王很配合,假装"学而不厌",其实他对仁政兴趣不大，他一定要再找个理由，堵住孟子的嘴。

知道孟子不喜欢谈利，齐宣王说，我还有个缺点，我贪财。没想到孟子顺势而上，贪财好啊，从前周朝先祖公刘就贪财，但他不仅为自己积聚财富，还把贪财之心推己及人到百姓身上，让国家和民众一起富裕，所以，贪财也能行仁政。齐宣王说不过孟子，干脆找了个石破天惊的理由，看孟子怎么说。齐宣王说，我还有个毛病，我好色！齐宣王想，你孟子再能说，总不能说好色的君主也能行仁政吧。其实，齐宣王说自己好色，还真的是勇敢地"自黑"，他曾经娶了一个著名的丑女无盐，并立为皇后，理由是无盐有才有德，这说明，齐宣王并非真正的好色之徒。

这难不倒孟子，孟子说好色好啊。从前周朝太王也好色，出征打仗都带着几个老婆。但太王能把好色之心推己及人到百姓身上，让他们自由恋爱婚配，国家就没有剩男剩女，百姓生活很幸福。所以，好色也能行仁政。

齐宣王水来，孟子土掩；齐宣王转移话题，孟夫子聚焦仁政；齐宣王锲而不舍打太极，孟夫子坚定不移说仁政。总之，孟子为了仁政和王道理想，和齐宣王杠上了！

人民可以干掉暴君

孟子苦口婆心劝齐宣王行仁政，齐宣王态度滑头推三阻

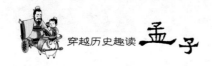

四，这让孟子很恼火。孟子觉得自己忍辱负重做客卿，算是给了齐宣王的面子，几次劝谕，齐宣王却不肯接招。看来，行仁政真的不是能不能的问题，而是愿不愿的问题。这么冥顽不灵的国君，以孟子的暴脾气，已经没有必要对他客气了。他给齐宣王讲了个故事。

孟子对齐宣王说，"有个齐国人要去楚国旅游，把妻子儿女托付给朋友照顾，但他回来时，却发现妻子儿女在外面挨饿受冻。有个齐国的长官，管理不好自己的下属，这种事情应该怎么办？"

齐宣王不知是计，斩钉截铁地说，与无信之徒绝交，让无能官员下台。孟子步步紧逼，如果国君管理不好自己的国家，应该如何处理呢？齐宣王听了非常尴尬，孟子又在骗我辞职，决不能头脑发昏犯蚍蜉的错误，最后"顾左右而言他"，打着哈哈算是把这件事搪塞过去了。

齐宣王对孟子也很有意见，孟子竟然端着齐国的饭碗来砸齐国的锅，真的是端起碗开心吃喝，放下碗跳脚骂齐国。孟子只是个顾问，顾问其实就是不顾不问的意思。没想到孟子这么认真，除了仁政就是王道，还不把自己放在眼里，整天像教训学生一样教训自己。不是说儒家重视上下尊卑的礼制吗？难道孟子是个假儒家？齐宣王要发飙了，他向孟子提出了一个刁钻的问题：

怎样才是一个合格的卿？意思很明显，孟子要摆清位置，要对你是客卿的身份有清醒的认识，要想考核合格拿全额奖金，就应该尊重领导。

孟子反问齐宣王，您说的是哪种卿？

齐宣王很奇怪，难道卿还分几种？

孟子告诉齐宣王，有王室贵族的同姓卿，也有外姓卿，君主有错，同姓卿反复劝谏无效，那就改立新君。齐宣王惊出一身冷汗，问孟子，那外姓卿呢？孟子说，外姓卿如果反复劝谏君主无效，那就辞职不干。

孟子的暗示也很明显，同姓卿为了祖宗的江山，完全可以将你废掉，而外姓卿完全可能远走高飞辞职不干。

齐宣王对孟子改立新君的大胆理论耿耿于怀，这绝对是大逆不道以下犯上的行为，他甚至怀疑孟子不是温柔敦厚的儒家，不然何以敢说出如此大逆不道的话？

齐宣王问孟子，商汤流放了夏桀，周武王杀掉了纣王，有这回事吗？

孟子说有啊，史书上说的很清楚。

齐宣王说，那做臣子的能杀掉君主吗？

这是个很刁钻的问题。儒家提倡尊卑长幼的秩序，商汤和周武王以下犯上而弑君，那是大逆不道之罪。而儒家却把商汤、周武王看成圣人，难道儒家想造反不成？

齐宣王大发雷霆，孟子不为所动。在孟子的世界里，只有三种人，一种是尧舜禹那样的圣人；一种是他的偶像孔子；

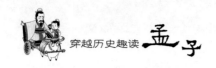

其他人也就勉强称得上是自己的学生。孟子始终把自己当成"帝王师"，有天然的道德优势，这在中国文化中叫"以德抗位"。所以，无论是在哪个国家，面对哪个国君，孟子都始终保持一副凛然不可冒犯的姿态。

孟子说，只有仁君才是人君，破坏仁义的人叫"贼"，破坏道义的人叫"残"，那些残害老百姓利益的国君，不是君而是"独夫"，周武王只是杀了一个叫纣的"独夫"，没听说有杀掉国君这回事啊！

齐宣王差点气得不省人事，孟子这狡辩的水平，也是没谁了！

作为孟子的偶像和精神导师，与国君一言不合转身就走的孔子，在反抗精神和独立人格上与孟子相距甚远。孟子认为，汤武是革命而不是弑君，这也就意味着，人民有反抗暴政的权力。这为温柔敦厚的儒家思想，注入了刚劲勇猛的基因。

不过，孟子是幸运的，他遇到的是珍惜羽毛、爱惜人才的齐宣王，这要是在宋国，他对着擅长射天射人的宋王偃说这些话，很可能被箭无虚发地射成血筛子了。

孟子另立新君反抗暴政的思想，如一声惊雷，响彻了历史的天空。千年以后，明太祖朱元璋看到了这句话，恨不得把孟子拉出来拦腰砍断。遗憾的是，他砍不到孟子了，于是他命人把《孟子》书中的这些异端思想全部删除，以做到"人畜无害"。

到底要不要讨伐燕国

公元前 318 年，燕国国君哙突发奇想，非要学习古代圣王禅让，把王位让给相国子之。但哙既没有圣王的智慧，也没有圣王选贤用人的才能，他禅让的子之，也不是什么好人。眼看着到手的王位飞了，燕国太子表示严重不服，于是拥护子之的一派和太子一派兵戎相见，燕国陷入内乱。

齐国大臣沈同私下里问孟子，能否讨伐燕国，孟子说可以。孟子是个通权达变的人，他崇尚和平但更反对不义战争。燕国因为荒唐的禅让陷入内战，让百姓妻离子散，必须以战止战，结束燕国的内乱。在孟子看来，燕国国君无权随便把王位让给别人，而子之也没有权力接受君位。总之，燕国该打。

匡章率兵进入燕国，很快平定了内乱，但齐国好像并没有撤军的意思。有人问孟子，是不是你让人去攻打燕国的，孟子断然否认。孟子说，我确实说过可以讨伐燕国的话，但我没有说齐国可以讨伐。因为只有上天指派的人才可以讨伐燕国。这就像一个人犯了死罪要杀头，只有主管刑罚的人才可以去杀人。如今，齐国和燕国一样无道，我为什么要说齐国可以讨伐燕国呢？

其实，孟子就是在"耍赖"，但听起来很有道理的样子，让人无法反驳，这就是孟子，一个心怀天下雄辩滔滔又有点

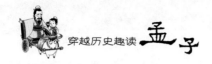

滑头有点可爱的孟子。

公元前 314 年，齐国在燕国的军事存在已经取得压倒性优势。齐宣王想直接吞并燕国，就去找孟子商量。

齐宣王问道："有人劝我不要吞并燕国，有人又劝我吞并它。我觉得，以一个拥有万辆兵车的大国去攻打同样拥有万辆兵车的大国，只用了五十天就打下来了，光凭人力是做不到的，这一定是天意。如果我们不占领它，上天一定会降下灾祸的。吞并它，怎么样？"

孟子说："燕国的老百姓高兴，那就吞并它。周武王就是这样做的。燕国的老百姓不高兴，那就不要吞并它。周文王就是这样做的。以齐国这样拥有万辆兵车的大国去攻打燕国这个同样拥有万辆兵车的大国，燕国的老百姓却用饭筐装着饭，用酒壶盛着酒浆来欢迎您的军队，难道会有别的意思吗？不过是想摆脱那水深火热的日子罢了。如果您只是加深他们的灾祸，那只是统治者由燕变成齐罢了。"

滑头的齐宣王告诉孟子，齐国军队花了五十天就拿下燕国，这肯定是上天的旨意，既然天意如此，那我就应该听上天的，否则就会遭到天谴。孟子说燕民欢迎你就取燕国，不欢迎就不取。老百姓当初欢迎齐国的军队，是希望帮他们逃离水深火热的日子，而现在他们比以前更悲惨，用一个残暴无道的齐国，代替另一个残暴无道的燕国，燕国的老百姓会答应吗？

国际政治讲究平衡，各诸侯国显然不愿看到齐国吞并燕国变得更强大，于是组成联军攻打齐国，齐国陷入困境。齐宣王赶紧来请教孟子，孟子说，燕国人本来是用筐装着饭、用壶盛着酒来欢迎齐国的军队，而现在齐国军队杀死他们的父兄，捆绑他们的子弟，毁坏他们的祖庙，拿走他们国家的重器，而天下的诸侯本来就忌惮齐国的强大，现在齐国的土地扩大了一倍，而你又不肯行仁政（孟子在任何时候都不会忘记推销仁政），这样肯定会引来各诸侯国的联合讨伐，大王你赶紧撤军吧。

果然，各诸侯国组成的联军，把齐国打得"流水落花春去也"，齐国被迫撤军。这次失败，也埋下了齐国衰落的种子。齐宣王后悔没有听孟子的话，"甚惭于孟子"。

从此以后，齐宣王和孟子之间有了裂痕，他们再也不能好好地聊天做朋友了。

你感冒了，我恰巧也感冒了！

齐宣王是个尊重贤才的人，他曾经召见一个叫颜斶的隐士。齐宣王说颜斶你走上前来，颜斶说大王你走过来！齐宣王很不高兴。颜斶说我走到大王面前，表示我是趋炎附势的小人；而大王走到我面前，则表现大王是礼贤下士的明君。因为"士贵耳，王者不贵"，这种贤尊于贵的价值理念，让

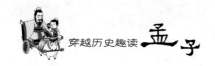

齐宣王听了很受启发。作为齐宣王眼里的贤才，孟子地位尊贵，齐宣王找孟子谈事情，都是亲自登门拜访。但自从伐燕风波之后，齐宣王和孟子之间的裂痕越来越大，不再高兴去孟子家里了。

有一天，齐宣王派人告诉孟子说，大王本来要到您家里拜访，但是很不巧感冒了，请先生去朝廷相见。

孟子对齐宣王不主动登门拜访却招他上朝觐见的做法很不感冒。孟子告诉使者，我本来也想去见大王的，但是我突然之间也"感冒"不能去了。孟子的"感冒"很突然，好的也很迅速，第二天，孟子就去东郭先生家里吊唁了。公孙丑问孟子，老师不是"感冒"了吗？你不好好装病，怎么又公开出席活动了？孟子说，那是昨天突然感冒的，今天我突然就好了，难道不能去参加活动吗？

齐宣王听说孟子突然感冒，赶紧派医生来给孟子看病。孟子的堂弟孟仲子一看要露馅，赶紧派人去找孟子，让他上朝。孟子不想去，只好躲到景丑家里住了一晚。景丑对孟子装病不见齐宣王的行为很不满，恨不得让孟子住牛棚。孟子举了曾子的例子，教导景丑。

曾子说过："晋国、楚国的财富，我没法比得上。不过，他有他的财富，我有我的仁德；他有他的爵位，我有我的道义，我为什么觉得比他少了什么呢？"

孟子认为，比起那些王公贵族，自己不仅不欠缺什么，还比他们强得多。

"天下有三样最尊贵的东西：一是爵位，二是年龄，三是德行。在朝廷上先论爵位；在乡里先论年龄；至于辅助君王治理百姓自然以道德为上。他怎么能够凭爵位轻视我的年龄和德行呢？所以，大有作为的君主一定有他不能召唤的大臣；有事需要商量，就亲自去拜访他们。尊尚道德和乐行仁政，不这样，便不足和这个君主一起有所作为。因此，商汤先向伊尹学习，然后才以他为臣，不费力气就统一了天下；齐桓公先向管仲学习，然后才以他为臣，不费力气就称霸于诸侯。现在，天下各国的土地都差不多，君主的德行也都不相上下，没有别的原因，就是因为君王们只喜欢用听话的人为臣，而不喜欢用能够教导他们的人为臣。商汤对伊尹，桓公对管仲就不敢召唤。管仲尚且不可以被召唤，更何况连管仲都不屑于做的人呢？"

很显然，孟子认为，在和齐宣王的爵位、年龄和道德的三项比拼中，孟子在年龄和道德上占优，二比一胜了齐宣王，所以，齐宣王应该来见孟子。伊尹、管仲等贤人都是坐在家里等着君主上门请教的，君主礼贤下士，所以不费力气就称霸诸侯。

"谦虚"的孟子认为自己可能比不上伊尹，但比管仲强很多。孟子的逻辑是这样的：齐桓公比齐宣王要牛很多，孟子比管仲牛很多；齐桓公亲自上门拜访管仲，那么齐宣王就

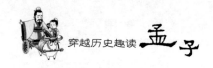

更应该亲自上门拜访孟子。

这就是孟子，一身傲气傲骨满满自信的孟子。在他身上，集中体现了春秋战国时期中国知识分子不慕权势、洁身自爱的傲气与骨气。

孟子十几次苦口婆心劝齐宣王行仁政，齐宣王从来都是洗耳不听。在伐燕这件事上，齐宣王更是犯了战略错误，本来应该到自己府上负荆请罪的，却偏偏装病让自己去觐见，看来这齐宣王是不想好了。那一刻，孟子的心比冬天还冷。

知我者谓我心忧，不知我者谓我何求

孟子辞去客卿的职位，准备带着弟子们回到家乡，安心做个"得天下英才而教育之"的老师。齐宣王到孟子家里挽留，希望他能留下来，为齐国人做个榜样，但孟子去意已决。

齐宣王托人告诉孟子，会给他一套大房子，每年一万石的俸禄，来养活他和弟子们。孟子说，我辞去十万石的俸禄，接受这一万石的俸禄，你以为我是贪财吗？

以孟子的俸禄，在今天可是千万富翁的水平，但孟子追求的不是财富，而是天下太平；追求的不是钟鸣鼎食，而是天下道义，是推广仁政以平治天下。这就是一个伟人的境界，他们可以"生无一锥土，而存四海心"，可以"苟利国家生死以，岂因祸福避趋之"。

　　孟子说，"天下有道，以道殉身；天下无道，以身殉道。未闻以道殉乎人者也。"意思是，"天下清明，自己被重用，道也随己得以推行；天下黑暗，自己不被重用，则以身守道。没听说用牺牲道来屈从于王侯的"。这种以身殉道的精神来自于孔子。孔子说，"邦有道则见，无道则隐"，国家政治清明的时候就出来做官，不清明的时候就隐居起来。但孟子比孔子更加激进和坚强，他其实并不想学道家那样，隐居起来过与世无争的日子，他有更高的追求，这种追求值得他付出生命。就像孔子说的，"志士仁人，无求生以害人，有舍生而求仁"，"那些有志向、有仁德的人，没有为了谋求生存而损害仁德的，只有献出自己的生命来成就仁德的"。

　　孟子在离开齐国之前，还和齐国名嘴淳于髡"干了一架"。淳于髡认为，重视名誉功业的人，是为了救世救民；轻视名誉功业的人，是为了独善其身，而孟子一样也没有做到，就撂挑子走人，显然不是仁人。

　　孟子说，伯夷不愿做官，伊尹和柳下惠喜欢做官，但他们都是仁人。言外之意，做不做官不是仁人的标准。

　　淳于髡说，鲁国重用子思，结果鲁国更加衰弱，可见贤人没有用。

　　孟子说虞不用百里奚而灭亡，秦重用百里奚而称霸，怎么能说贤人没有用呢？

　　孟子不想和淳于髡闲扯，他举了孔子的例子。孔子在鲁

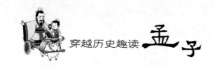

国，国君没有按照礼仪送来祭肉，孔子就辞职走了，不理解的人还以为孔子嘴馋，没吃到肉没面子才生气走的，理解孔子的人知道，那是鲁国国君不守礼数，孔子生气才走的。"知我者谓我心忧，不知我者谓我何求"，君子的行为，一般人是不懂的。既然齐国不重用我，我何必还待在这里呢。

孟子带着弟子们离开了齐国，耳边响起离歌，心里满是"其实不想走，其实我想留"的遗憾与不舍。对孟子来说，齐国是他梦开始的地方，也是最适合行仁政的国家。而齐宣王"非不能而是不愿"，他期待齐宣王能回心转意，派人追他回去。但他在昼地待了三个晚上，也没见使者的影子。

一路上，孟子闷闷不乐。弟子充虞问孟子说，老师教导我们不怨天不尤人，怎么现在闷闷不乐呢？

孟子万分感慨。"那是一个时候，现在是另一个时候。从历史上来看，每五百年就会有一位圣贤君主兴起，其中必定还有名望很高的辅佐者。从周武王以来，到现在已经七百多年了。论年数，已经超过了五百年；论时势，也应该正是圣君贤臣出来的时候了。大概上天还不想让天下太平，如果想使天下太平，在当今这个世界上，除了我还有谁呢？我为什么不快乐呢？"

孟子不是怨天尤人的人，一声慨叹又让他满血复活。孟子坚信能让天下安定下来的人，非他莫属。孟子这种超级自信来自于他平治天下的担当精神。他的廓大雄心、豪迈气概和慷慨激昂的性格在儒家思想家中无人可及。

回首自己游说诸侯的一生，孟子感到深深的遗憾和悲哀。孟子以孔子为偶像，认为自己距离孔子的时代并不遥远，自己的家与孔子诞生地也很近，但孟子担心，自己之后再也没有孔子的继承人了！

孟子理想的破灭是时代的悲剧，英雄如孟子，也无法摆脱时代洪流的裹挟。在诸侯间竞相兼并的形势下，消弭战争必须用战争来实现。孟子的梦想距离现实太远，注定无人理解，他就像一个起得太早摸黑赶路的旅人，注定前路荆棘密布。

第八章

何以人皆能成尧舜?

　　孟子是中国思想史上第一个系统提出"性善论"的思想家。孟子认为，人人心中都有四种"善端"，分别是"恻隐之心""羞恶之心""辞让之心"和"是非之心"。这四种"善端"，分别对应着"仁义礼智"四种美德。"善端"是人之所以为人、区别于禽兽的根本。孟子用妈妈一样温柔的心肠告诉人们，人人都有成善的可能，人人都有成善的能力，人人都应该保存善心而发扬光大，而不是自暴自弃地成为禽兽。

　　从人性善的逻辑出发，孟子认为，人在道德价值上是完全平等的，"人皆可以为尧舜"；存善心行善事，人人都可能成为尧舜那样的善人。

　　性善论是孟子所有思想的起点，王道思想、仁政主张、存心养心学说、天命观和伦理思想，一切都源于一个美丽的假设——人性是善的。

关于人性的斯芬达克斯之谜

好奇心是哲学的源头,古今中外,人类对自我的追问从来没有停止过。人是什么、人的价值是什么,人性到底是善还是恶,一直是哲学家们苦苦思索的问题。古希腊的神谕说"认识你自己";中国哲学家老子说"知人者智,自知者明",都是试图探索人本身的奥秘。

中国人对人性的追问始于夏商周三代时期。在最早的史书《尚书》中有这样的记载:"惟皇上帝,降衷于下民,若有恒性",唐代大学者孔颖达把"衷"解释为"善",意思是说,上天把善性赋予人民,让他们有了恒久不变的人性。这大概是中国最早的人性论了。

孔子下班后,别人告诉他马厩失火了,孔子的第一反应问有没有人受伤,而不是问当时属于昂贵资产的马。孔子第一个发现了人的价值——人是高于禽兽的。

既然尊重人的价值,孔子必然会面对一个问题,人为什么尊贵于禽兽?人的本性是什么?孔子是个很理性的人,对于不知道的事情不会明确下结论,庄子把这个做法叫"六合之外圣人存而不论"。孔子没有明确人性到底是善还是恶,只是说"性相近也,习相远",人在出生时,心性、品格是相近的,本没有高低贵贱聪明愚笨之分,后天环境和习惯养成造成了人与人之间的差别。从这个逻辑出发,儒家必然会

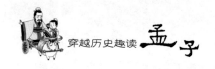
推导出重视人后天学习和道德塑造的思想。

孔子只是提出了存在人性的问题，但是他"很滑头"地留下了一个伏笔——人性到底是善还是恶，孔子并没有说。孔子留下的空白，让思想家们对人性的讨论，在战国时代达到了高潮。

战国时代大概有五种人性论。第一种是人性可以为善，也可以为不善。发展了善性的一面，人就是善的；发展了恶性的一面，人就是恶的。当明君如文王、武王兴起时，百姓就人人心慈好善；而当幽王、厉王这样的暴君兴起时，百姓就个个心狠手辣喜好暴行。第二种是人有性善有性恶。尧为君主时却有象这样的坏人；瞽瞍这样坏的父亲却有舜这样的好儿子；有纣王这样的君主，却也有微子启、比干这样的好臣子。第三种是和孟子同时代的思想家告子的观点，他认为人性是"食色性也"，就是人的本能，无善恶之分。孟子对告子的观点深恶痛绝。因为前两种人性论思想，起码肯定了人性中有善的一面，孟子还可以勉强接受，但告子认为，人性就是生存需要，这就把人混同于禽兽。孟子喜欢骂人做禽兽，就是因为他认为人和禽兽是有区别的。而告子的人性说，完全把人和禽兽等同看待了。所以，孟子提出了"性善论"，并在与告子的辩论中，把告子辩得体无完肤。

在孟子的"性善论"之后，荀子提出了"性恶论"，荀子的学生韩非子提出了"性自私论"，与孟子的"性善论"分庭抗礼。

孟子的性善论

孟子不辞辛苦游说诸侯几十年，是为了推行仁政实现王道。他理想中的政治变革是自上而下的，首先要求国君是个善人。孟子认为，国君仁义了天下就都仁义了，因为我们无法想象，一个叫嚣"我死后哪管洪水滔天"的国王会实行仁政。其次是国君要能把"不忍人之心"推恩于人民。但这有一个理论前提，人为什么会有"不忍人之心"？"不忍人之心"是从哪儿来的？这需要孟子构建一套完整的人性理论，去支撑他的政治主张。也就是说，"性善论"是他政治思想的逻辑起点。

孟子在宋国时，和当时还是太子的滕文公有过一次长谈。孟子与滕文公大谈性善之道，他勉励滕文公，要做尧舜那样的圣人和明君。滕文公不大相信自己一个小国的太子，也能做尧舜那样的圣人。孟子告诉滕文公，人在本性上是完全平等的，人心中有着与生俱来的善端，也就是为善的种子，尧舜也一样。尧舜能做到的，普通人也能做到。普通人往往被私欲和外界环境所蒙蔽，看不到内心善的萌芽，没有好好呵护，而尧舜则能"拨开云雾见青天"，体验自己的善性，并能细心呵护善的萌芽并"扩而充之"。所以，人性的起点相同，不同的是呵护、扩充善端的努力。

孟子的"性善论"，可不是专门给滕文公说的，因为他

115

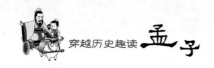

是心怀天下的思想家，他的理想是让人们相信人可以为善，从而纯净人类的心灵。

战国时代充满了杀戮和欺骗，充满了自私和冷漠，人们惯见丑恶之事。孟子担心人们相信人性为恶而行恶，所以他告诉人们人性是善的，善是常态，恶是变态。孟子勉励人们，做善事、做善人其实一点也不难，因为我们内心本来就有善的种子，只要听从内心的命令，去做就好了。孟子批评那些心中有善却不行善的人，善端丢失也不知道找回来，这种行为是"自贼"，即自己伤害自己。

孟子告诉我们，要对人性充满乐观和自信，那些不善的行为，并不能证明人性不善。"若夫为不善，非才之罪也"，他们做了坏事，并不是人性不善，而是没有好好发现自己的内心而已。

孟子说："从天生的资质来看，人是可以为善的，这就是人性本善。至于有人行为不善，不能归罪于本性。同情之心人人都有；羞耻之心人人都有；恭敬之心人人都有；是非之心人人都有。同情心是仁；羞耻心是义；恭敬心是礼；是非心是智。仁义礼智，不是外人给我的，是我本来就有的，只是我们未曾探索罢了。所以说：'追求它就能得到，放弃它就会丢掉。'人与人之间相差一倍、五倍乃至无数倍，是因为他们没有发挥出善的本质的缘故。《诗经》上说：'上天生育众民，有万物就会有准则。人民掌握了准则，就会崇尚那美好的品德。'孔子说：'作这首诗的人很懂得道啊，有万物必然有其准则；人民掌握这些准则，所以才崇尚那美好的品德。'"

孟子是中国思想史上第一个系统提出性善论的思想家，对中国文化和中国人的民族性格影响深远。这段话体现了孟子的几个观点。

第一，人可以为善，至于有人为不善之事，不是他的心本来就坏，而是心慢慢坏掉了。因为人天生都有善心，不做善事是因为没有好好体察自己的善心，所以说心的本质不坏，而是在欲望或外界环境的影响下坏掉了。

第二，人心中都有恻隐、羞恶、辞让和是非这四心，这四心对应着仁义礼智。善端是为善的能力或潜质，决定了人可以向善发展。从这个意义上来说，人人都可以做到仁义礼智，所以"人皆可以为尧舜"。

第三，"善端"不是别人给的，而是人天生就有的，是人的本性和天赋，别人夺不走，自己却可能丢掉。"四端"就藏在人心里，只是人习以为常没有好好去思索去探求罢了。

第四，人有善有不善的千差万别，原因是有的人并没有把内心的善端发挥出来，白白浪费了天赋。

第五，事物都有自己的法则，而人的法则就是追求美好的道德。

这五个方面，构成了"性善论"的基本观点。理解了"性

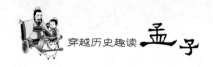
善论"，就掌握了孟子思想的钥匙，也就明白了孟子"妈妈"一般的良苦用心——为善不难，因为心中天生有善；为善很难，难在如何呵护善的萌芽，找回丢掉了的善端。

人性很复杂，看孟子如何论证人性善

　　既然孟子主张人性是善的，他就必须论证人心的四种善端到底从何而来。孟子没有受过专业的逻辑学训练，但他毕竟是辩论大师，他从生活经验和类比推理两方面论证四端的来源。

　　孟子首先论证居于四端之首的"恻隐之心"的根源。他说，如果有人突然看见一个小孩子要掉进井里去了，必然会产生惊惧同情的心理，这种心理是自然产生的，是超越功利的。因为在那一瞬间，你不会想到要和孩子的父母攀交情，要博取声名，更不是讨厌孩子的哭声，那么这种油然而生的同情心来自哪里呢？来自于内心。它本来就存在，无须热机启动，无须唤醒，在某种现实情境下，恻隐之心会自然产生，这叫作良心的"当下呈现"。至此，孟子进一步论证人与禽兽之间的区别——没有同情心、羞耻心、谦让心、是非心，根本就不是人。所以，这四种心是人区别于禽兽的依据。

　　孟子非常完美地将人性的四种善端与社会中四种道德价值联系在一起。他说，"同情心是仁的萌芽；羞耻心是义的萌芽；谦让心是礼的萌芽；是非心是智的萌芽。人有四种善端，就像有四肢一样。有了四种善端却自认为不能行善的，是自暴自弃的人；认为君主不能行善的，是残害君主的人。凡是有四种善端的人，都知道要扩大充实它们，就像火刚刚开始燃烧，泉水刚刚开始流淌。如果能够扩充它们，便足以安定天下，如果不能够扩充它们，就连赡养父母都成问题。"

孟子让我们坚信，善端就像人的四肢，须臾不可分离，无须证明和怀疑。为进一步增强说服力，孟子用类比推理法继续论证。

"凡是同类的，大体都相同，为什么单单怀疑人性呢？圣人与我们是同类。龙子说，'不看清脚的形状就编草鞋，但我决不会编成草筐的样子。'草鞋式样都相似，是因为脚的形状都相同。口对于味道有相同的嗜好；易牙早就弄清了我们口味的嗜好。假如口的味觉人人不同，就像狗马与人类的本质不同一样，那么天下人为什么都喜欢吃易牙做的菜呢？讲到口味，天下人都期望做到像易牙那样，可见天下人的口味大体相同。耳朵也是如此。讲到声音，天下人都期望做到师旷那样，可见天下人的听觉大体相同。眼睛也是如此。讲到子都，没人不知道他长得美。不知道子都长得美的人，就是没长眼睛的人。所以说，口对于味有相同的嗜好；耳朵对于声音有相同的听觉；眼睛对于颜色有相同的美感。讲到心，唯独没有相同的地方吗？心的相同之处是什么呢？是理，

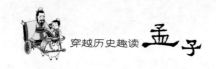

是义。圣人不过是先得知了内心相同的东西而已。所以理义使我们内心喜悦，就好比猪狗牛羊的肉合乎我们的口味一样。"

孟子从同类属性相同的角度，论证人心相同。因为鞋子形状相同，你不会把它编成筐；人们对美食、音乐、美色等感觉相同，从而说明人心相同。既然人心相同，理相同，那说明仁义礼智是人所固有的。凡人和圣人的心相同，之所以是圣人，是因为他们比凡人率先体验、扩充了善心而已。

孟子知道无法完美地论证人性的纯善，毕竟这个世界还有很多恶行存在。所以他特意用了"善端"这个词，"端"是开始的意思。人有四种善端，要做到纯善，就要"扩而充之"，做不到的话，不要说安天下了，连父母都赡养不了。这就相当于，即使你有梵高的绘画天赋，不刻苦练习，只能做个凡人而不是梵高。同理，即使你内心有天生善端，而不"扩而充之"，丢掉了善端，你就可能走向善的反面，这也为解释恶的产生，埋下了伏笔。

找鸡与找回良心哪个重要

孟子天才地把人的四种善端定义为良心。良心是人的良知和良能，而良知和良能是人天生具有的，是不需要学习就会的。但良心可能会丢掉，我们应该像保护心脏一样保护良心。

孟子认为良心人人都有，而有些人之所以会丢掉良心，是没有好好保护的缘故。就像天天拿斧头砍树一样，树木怎么能丰盛繁茂呢？有的人不做善事，是因为没有保护良心。这说明，孟子高度重视人在后天性善培养过程中的主观能动性。作为万物之灵的人类，拥有最宝贵的良心，就要用心呵护不致丢失。孟子告诫我们："仁，是人的良心；义，是人生的道路；舍弃正路而不走，丢掉良心而不知找回来，这是人生最大的悲哀！鸡犬丢了，尚且知道找回来；可是丢了良心却不知道找回来。学问之道没有别的，只是找回丢失了的良心而已。"孟子主张，不要去找鸡了，要找回丢掉的灵魂。因此，保持人的道德萌芽不至丢失，是完善性善的第一步。

孟子应该是一个环保主义者，因为他最喜欢用环保问题来说明人性。他说森林郁郁葱葱，大肆砍伐，森林之美不复存在；性善的萌芽本来蓬勃生长，不知爱护，心灵的道德之美也不复存在。善就像春天播下的种子，需要浇水施肥修剪枝叶，这个过程叫"扩而充之"。人的四端，犹如冰山融水，只有"扩而充之"，才能汇成浩淼大海；犹如星星之火，只有"扩而充之"，才能成燎原之势。

那么，如何将善端"扩而充之"呢？首先要加强道德教育。孟子提出要加强教育——"谨庠序之道，申之以孝悌之义"。大力兴办学校，发展教育，反复申明孝顺父母尊敬兄长的人伦之道。

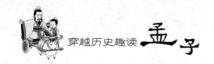

　　善端是自己的，别人夺不走，但别人也无法帮你保存善端，一切依靠个人的努力。为此，孟子提出完善善端的第二条途径，要自己有所作为。孟子再次用榜样的力量激励我们，他引用颜渊的话说，"舜何人也？我何人也？有为者亦若是"。舜和我都是人，在人性上是平等的，舜自我锻铸道德、扩充四心终成圣人，那么所有在道德修养上奋发有为的人也能做到。这就是孟子心心念念的"人皆可以为尧舜"的理论。

　　现在，我们终于明白，孟子为什么要拒绝曹交拜他为师了。曹交说文王有十尺高，成汤有九尺高，而自己有九尺四寸高，但只知道吃饭而已。言外之意是，孟子不是说人皆可以为尧舜吗，我个子也挺高，怎么就没有成为尧舜呢？孟子一听就火冒三丈，不和圣人比道德，却与圣人比身高，简直荒谬。孟子告诉曹交，能不能成为圣人，关键是你是否真正去做。你穿着尧舜的衣服，按照尧舜的行为方式去做，你就是尧舜了。你想着与圣人比身高，不去像尧舜那样认真修养道德，就是整容整成尧舜一样也没用，所以曹交不是懒就是笨。因此，孟子坚决不收曹交为弟子，哪怕他是国君的弟弟。这说明，在完备性善的过程中，孟子更重视发挥个人的主观能动性。

　　那么，圣人是如何扩充善性的呢？

　　孟子说："子路，别人指出他的过错，他就很高兴。大禹听到有教益的话，就给人家敬礼。舜帝就更伟大了，总是与别人共同做善事。舍弃自己的缺点，学习人家的优点，吸取别人的长处来行善。从他种地、做陶器、捕鱼一直到做帝王，没有哪个时候不向别人学习。吸取别人的优点来行善，也就是带动别人一起行善。君子的最高德行就是带动别人一起行善。"

原来，圣人君子善于发现别人的长处，用人之长补己之短，从而让内心的善端更加充盈。所以君子总是影响别人、带领别人一起行善。

和母亲一起搬过三次家的孟子，当然知道环境对个人道

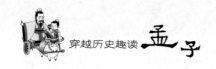

德养成的影响。他举例子说，造弓箭的人想让弓箭一箭封喉；造铠甲的人希望铠甲刀枪不入；造棺材的人老盼着别人早死；做医生的人总希望妙手回春。难道造弓箭、造棺材的人就是坏蛋，而造铠甲的工匠和医生就是好人？其实人性善都是一样的，只不过受到职业和环境的影响罢了。

至此，孟子完成了性善论的正面构建——人天生具有四种善端，但仅有善端是不够的，这还不足以做个善人，因为四端的萌芽需要去呵护，丢掉了需要去找回来，然后扩而充之。也就是说，人人都有为善的潜质和能力，能不能为善，还要看个人的努力，如何想办法消除外界环境的不良影响。

恶到底从哪里来？

春秋时期礼崩乐坏天下大乱，各诸侯国内部权力斗争进入白热化，儿子杀死父亲，臣子搞掉国君取而代之的比比皆是。为了争霸，各国频频发动战争，老百姓处于水深火热之中。到了战国中期，情况更加糟糕了。如果说春秋时期各国是为了做霸主而有面子而发生战争的话，战国时期则是你死我活的生存之战，战争规模被无限放大，百姓生命如蓬草而朝不保夕。尽管目睹了人类发动战争的种种恶行，孟子仍然坚信人性是善的，他用心良苦地想唤醒人类的良知，激发人的善性。孟子告诉人们，人的价值在于有道德之心，人要遏制恶行，必须找回被丢掉的善心,重返善的精神家园。

　　但是,孟子的性善论面临着现实的巨大挑战。既然人性本善,那么如何解释人类社会中那些血淋淋的恶行呢?人类为什么要发动战争?为什么会自相残杀?冷血的吴起为何杀妻求官?大厨易牙怎么忍心杀死儿子做汤羹给齐桓公吃?齐桓公怎么就能把人肉汤羹吃得津津有味?恶到底从何而来?这需要孟子认真思索并给出答案。

　　其实,人性善恶是个永远无解的难题。中国人论证人性善恶,往往借助于生活经验。有人看见了善事,可能认为人性是善的;有人看见了恶行,也许就会认为人性是恶的。而西方人论证人性善恶直截了当——上帝是全能的善。但自从伊甸园中的蛇诱惑亚当夏娃吃了那颗苹果,从此人类要替亚当夏娃"背黑锅",人类从此背负了天然的七宗罪。基督教文化认为人生来是有罪的,所以人类要赎罪,要在小黑屋里向上帝忏悔以救赎自己的灵魂。中国人较少宗教精神和宗教迷狂,孟子也不可能从宗教的角度来论证恶的来源。但孟子在论证人的四端时留了一手,他从来没有说人性是纯善的,他的性善论其实是人可以为善论。

　　孟子认为,纵然人心中有四种善端,不好好呵护,致使善心丢掉,就有可能走向恶。从这个意义上来说,恶是把善心丢掉的结果。丢掉的善心可以重新找回来,但是总有宁愿去找鸡而不愿意找回善心的人,孟子说他们是自暴自弃的人,

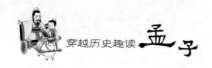

辜负了上天赋予的四种善端。

孟子首先从人的本质上来说明，"若夫为不善，非才之罪也"，人有不善的行为，并不是人的本质不善。那么人的不善是从哪里来的？孟子认为，人不善是受到了环境的影响。孟子用人在不同年成的表现，说明环境对人的影响。性善就像种下的麦子，认真打理，麦子就会颗粒饱满获得丰收；疏于管理，你可能"收获的是跳蚤"。一分耕耘一分收获，是人生最简单明了的道理。在完善善端上也是如此——扩充了善端可以为善，不去呵护善端，就会走向恶，这就是恶的来源。从这个意义上来说，我们的内心本来没有恶，恶是疏于打理灵魂所致。

孟子还用牛山之木的例子来巩固他的理论。齐国都城临淄外有一座牛山，本来有丰林修竹景色幽美，可是人们老是上山砍伐树木，牛羊啃食幼苗，终于让牛山成了秃山。难道能说牛山上没有生长过树木吗？同样的道理，有人行恶，你难道能说他没有过善端吗？所以，人性本来是善的，恶是善被外界环境蒙蔽的结果。

舜与"暗杀三人组"的斗智斗勇

如果孟子认为恶仅仅是外界环境影响的结果，那么他的理论显然是不完整的。所以，孟子进一步论证说，恶还来自人的不当欲望。人对食色利禄等过分的欲望，会蒙蔽自己的善性，或者让善性丢失，从而产生了恶。这可以用舜的遭遇来说明。

舜帝名重华，家世贫寒，更为悲惨的是，他生活在一个"问题家庭"。父亲瞽叟是个盲人，母亲很早去世，瞽叟续娶，继母生弟名叫象。舜生活在"父顽、母嚚（yín）、象傲"的家庭环境里，父亲心术不正，继母对舜充满了嫉妒和仇恨，弟弟桀骜不驯，而正直善良孝顺的舜，在他们眼里就是"全民公敌"。瞽叟想夺了舜的房子讨好舜的继母；继母想弄死舜讨好亲生儿子象；象处心积虑弄死舜好抢了两个嫂子。他们串通一气组成"暗杀三人组"，每天就想着两件事，一是舜何时死，二是怎么把舜弄死。舜能活下来，简直比中了体育彩票的头奖还要幸运。有一次舜在房顶维修房屋，"暗杀三人组"竟然将梯子抽掉，放起火来，想烧死舜。但是舜把手中的草甸当作降落伞，像飞鸟般飘然落地，回头一笑走了。还有一次，舜在家里挖井，"暗杀三人组"趁着舜在井底时，竟然把井给填死，好在舜提前在井底挖了另外一条地道，逃出生天。象以为舜死了，以百米冲刺的速度冲到舜家，准备抢走两个嫂子，而舜正在泰然自若地弹琴呢。象赶紧说哥我想死你了，其实他心里在说哥我想你死了。但象说完后脸上的神态很不自然，《孟子》一书中用了个很传神的词叫"忸怩"。

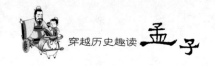

舜的故事说明，一个人心地善良和宽容，最终会给自己带来好运气；舜的故事还说明，这个世界上真的不缺少恶人，对自己至亲的人都可以痛下杀手，可见人性之恶了。但孟子埋了一个伏笔：象干了坏事被揭穿之后，神情"忸怩"，心里感到羞愧。为什么象做了坏事后会羞愧呢？因为象的良心发现。孟子说过，良心其实就是人内心深处的善端，这说明象心的本质是善的，只是他被过分的欲望污染蒙蔽，一心霸占嫂子和家产，才变成了恶人。用心学的集大成者、明代哲学家王阳明的话说，就是"恶人之心，失其本体"。

孟子从反面证明，恶其实并没有本源上的根据，它不是天生的，恶只是善端陷溺于某种不当的欲望，或者没有好好呵护而流失而已。他再一次用舜的故事，从反面证明了人性是善的。至此，孟子完成了对性善论的论证——人可以为善，因为人人都有善端；恶来自后天环境的影响，来自不当的欲望。

孟子和告子的辩论

孟子主张人高于禽兽，禽兽只有"食色"的本能，而人在"食色"的本能之上，还有更高层次的道德追求。而告子认为人性就是食色的本能，对此孟子旗帜鲜明地反对，因为它直接动摇了性善论。孟子必须与告子来一场辩论，彻底驳倒告子，以维护性善论的正当性。

孟子和告子共进行了四段辩论，每一次他都让告子先说，就像一个武林宗师，看着对手"将招数使老"，然后找到漏洞，一击毙命。

告子说："天生的资质称为性。"

孟子说："天生的资质称为性，那就等于说白色的东西称为白吗？"

告子说："是的。"

孟子说："白羽毛之白犹如白雪的白，白雪的白犹如白玉的白吗？"

告子说："是的。"

孟子说："那么狗性犹如牛性，牛性犹如人性？"

告子认为人性是人类生存本能。孟子就拿"白色之白"来类比"生之谓性"，告子认为白色都是一样的，孟子马上反问，那么狗性、马性和人性都是一样的吗？很显然人和狗、马是不同的，除非告子承认自己就是狗、马。告子当然不可能承认自己是狗、马，告子先输了一城。

告子不服气，说不带这样的，重来。告子发现孟子擅长打比方，干脆自己也打比方。

告子说："人性好比急速的水流，在东边冲开缺口就向东流，在西边冲开缺口就向西流。所以人性没有善与不善之分，就好比水流没有向东向西之分。"

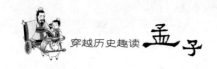

　　孟子说："水确实没有东流西流之分，难道没有向上流向下流的定向吗？人性本善，就像水向下流一样。人没有不善良的，水没有不向下流的。当然，拍水使它跳起来，可以高过额角；堵塞水道使它倒行，可以引上高山。这难道是水的本性吗？是形势使它这样的。人之所以不善，其本性的变化与水的变化也是一样的。"

　　告子打的这个比方，确实很有说服力。因为水的流向是不确定的，哪边有缺口就往哪边流。人性如流水没有什么善恶的定性，所以人性无善无恶。哪想到孟子来了一招姑苏慕容家的"以其人之道还治其人之身"，同样是用水来打比方，孟子先说水都是往下流的，这是生活常识，告子表示同意，但孟子话锋一转，说水固然可以往下流，但是在外力的作用下，水还可以往上流。这不是说水性改变了，而是外力作用的结果。同理，人性是善的，恶是外部环境影响的结果。告子没想到孟子竟然用水可以往上流来反驳自己，又输了一城。

　　不屈不挠的告子还是不服气，说再来一次。

　　告子说："人性好比柳树，义好比杯盘；把人的本性纳于仁义，就好比是用柳树制成杯盘。"

　　孟子说："你是顺着杞柳的本性来做成杯盘呢？还是伤害它的本性来做成杯盘？假如说要伤害杞柳的本性来做成杯盘，那么你也会伤害人的本性来使人具有仁义吗？带领天下人来损害仁义的，必定是你这种言论。"

告子这次观点很新颖。他打比方说，杞柳是原材料，杯子是制成品，人性好比是杞柳，而仁义礼智就像杯子，这需要一个人为加工的过程，而孟子的以仁义为人性的观点，相当于直接把原材料看成了制成品。

这难不倒孟子，孟子反问告子：是顺着杞柳的本性制成了杯子，还是伤害杞柳的本性制成了杯子呢？这是一个"两难"的问题。也就是说，告子必须要回答，仁义是人性自然发展的结果，还是对人性的破坏和摧残呢？假如告子说顺着杞柳的本性制成了杯子，那就相当于承认人的本性是善的；假如告子说伤害杞柳的本性才能制成杯子，那就相当于要推行仁义，就必须伤害天下人的本性，这样告子必须承担摧残天下人本性的罪名。告子一听，原来自己罪孽深重啊，算了吧。告子又输了一城。

与告子的决战

孟子与告子的最后一场辩论堪称经典。他们就仁义到底是内于心还是外于心的问题，展开了激辩。因为这是他们观点的核心部分。如果仁义内于心，那么证明孟子的性善论是正确的；如果仁义外于心，那就说明告子的观点是正确的。这是一场谁也输不起的战争，所以，论辩双方各自放出大招，以图辩倒对方。

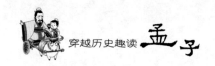
告子说："饮食男女，这是本性。仁是内在的不是外在的，义是外在的不是内在的。"

孟子说："什么叫仁是内在，义是外在呢？"

告子说："他年纪大我就尊敬他，恭敬之心不是我所预有；正好比外物是白的，我便认为它是白的，这是因为外物的白被我认识的缘故，所以说是外在的东西。"

孟子说："白马的白和白人的白或许没有不同，但不知对老马的怜悯心和对老人的恭敬心，有没有不同？而且，所谓义，是在于老者呢，还是在于恭敬老者的人呢？"

告子说："是我弟弟就爱他，是秦国人的弟弟就不爱他，这是因为我自己喜爱的缘故才这样，所以说仁是内在的东西；恭敬楚国的老者，也恭敬我自己的老者，是因为外在的老者的缘故才这样，所以说义是外在的东西。"

孟子说："喜欢吃秦国人的烤肉，和喜欢吃自己的烤肉无所不同，各种事物也有这样的情形。那么，难道喜欢吃烤肉的心也是外在的东西吗？"

这次告子先做了个妥协，他承认人类相亲相爱的"仁"是内在的，但他认为"义"是外在的，这就相当于承认孟子的一半的观点。告子认为，只要驳倒了孟子的义也是内在的观点，他就算赢。

告子运用了生活经验中的事实判断来论述，我尊敬年长的人，是因为他年长；我看到白色的东西，是因为那个东西是白色的。言外之意是人类的行为方式是外在的,与人的主观认识无关,人总不可能睁眼说瞎话把白的东西说成黑的吧。告子这是基于事实判断和生活经验,听起来很雄辩的样子。但是孟子比他更"狡猾",这一次孟子不和告子谈事实判断和生活经验,孟子从人类的价值判断的角度去怼告子。

孟子说人对白色的东西判断确实是一样的,因为这是事实判断,但是在尊敬长者方面,却不一样。因为人对老马和老人的感情完全不一样,这是包含了人类情感的价值判断。告子不是一直说"食色性也"吗,这说明你就是个吃货,你认为吃东西是人内在的本性。这就相当于你喜欢吃烤肉,不管哪里的烤肉,还不是取决于你的口味吗?而口味不就是内在的吗?

这一回,告子被辩得体无完肤,乖乖认输。

孟子"妈妈"和荀子"爸爸"的"隔空辩论"

孟子的性善论受到荀子的强烈批评。荀子是战国晚期著名思想家,时人尊称"荀卿"。因"荀"与"孙"二字古音相通,西汉时避汉宣帝刘询讳,又被称为"孙卿"。按照师承荀子应该叫孟子师兄,因为他们都信奉儒家崇拜孔子。作为一代大儒,荀子曾经三次做过稷下学宫的"祭酒",也就是校长。

和孟子一样,荀子也是个犟脾气。孟子为了"正人心、

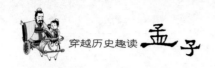

息邪说、拒诐行"，到处与人辩论、批评同时代的思想家，而荀子更厉害，除了孔子不批评，其他人全部被他骂了个遍。他写了一篇文章叫《非十二子》，把先秦各学派代表人物墨翟、慎到、田骈、子思、孟子等十二人，全部骂了一顿。荀子喜欢骂人，但他不是像泼妇骂大街一样，他是在对其他思想家的批评中，树立自己的学术思想和地位。尽管孟子是师出同门的前辈师兄，荀子批评起来也绝不留情。他批评孟子和子思说：

"大致上效法古代圣明的帝王而不知道要领，还自以为才气横溢、志向远大、见闻丰富广博。根据往古旧说创建新说，把它称为'五行'，乖僻背理而不合礼法，幽深隐微而难以说明白，晦涩缠结而无从解释，却还粉饰他们的言论而郑重其事地说：这真是先师孔子的言论啊。子思倡导，孟轲附和，社会上那些愚昧无知的儒生不知道他们的错误，于是就接受了这种学说而广为传播，以为是孔子、子弓立此学说来嘉惠于后代。这就是子思、孟轲的罪过了。"

荀子激烈地批评师兄孟子，主要是在人性的观点上，与孟子截然相反。

在荀子看来，孟子的性善论是错误的，他没有分清什么是"性"，什么是"伪"。荀子认为，"本性，是天生的，是学习不来的，也不是后天人为的。礼义是圣人制定的，通过学习人们就能得到，经过努力就能做到。不可能通过学习，也不可能是人为，而是先天自然生成的，这就是本性。可以通过学习获得，可以经过后天人为的努力实现的，就是人为。这就是本性与人为的差别。"

在荀子看来，"性"是人天生的本质，你无法改变，学与不学，它就在那里。而"伪"则是人后天的学习所得到的。一句话，"性"乃天生，"伪"是人为。荀子反对性善论，针锋相对地提出了性恶论。

"人的本性是恶的，善是后天人为的。人性从一生下来就有贪图私利之心，按照这种本性，人与人之间就要发生争夺，也就不再讲求谦让了；人天生就有忌妒仇恨的心理，按照这种本性，就会发生残害忠厚善良的事情，这样忠诚信实就丧失了。人生来就有爱好声色的本能，喜好听好听的，喜欢看好看的，按照这种本性，就会发生淫乱的事情，礼仪制度和道德规范就都丧失了。放纵本性，顺着情欲，就一定会发生争夺，就会出现违反等级名分、扰乱礼仪制度的事，从而引起暴乱；所以，一定要有师长和法制的教化、礼义的引导，然后才能确立合乎等级制度的正常秩序，实现社会的稳定。所以，人性本恶的道理已经很清楚了，善是人为的。"

孟子是乐观热情的理想主义的人，他看到的是人的正面；荀子是冷静深沉的现实主义的人，他看到的是人的反面。孟子的人性论强调人的社会性；荀子的人性论强调人的自然性。荀子认为人生下来就是贪婪、趋利避害的动物，为了生存要

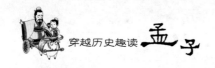

争夺资源，生活就是你死我活的过程。如果顺着人性，放纵情欲而不知节制，人就会走向恶的一面。所以，抑制人性恶的关键，是如何看管好人内心深处蓬勃生长的欲望，不让它野蛮生长。

荀子认为人可以拥有欲望，但必须在道义范围内。人有追求美好生活的权利，但是不能太过分，所以他主张"以道制欲"，凡是符合"道"的欲望，多一点又何妨？凡是不符合"道"的欲望，多一点也不行。

荀子也高度重视人与禽兽的区别。孟子认为人和禽兽的区别，是人除了本能之外，还有"恻隐之心"等四种善端，而荀子认为，"性质美而心辩知"，意思是说，人和动物一样，本性都是恶的，但人有理智，可以通过学习成就善性。至此，荀子完成了性恶论的论证。人性是恶的，如果放纵它，人就是坏蛋；但是人又有区别于禽兽的理智，所以人具有通过后天的学习而积累善性的特质。

其实，孟子的性善论与荀子的性恶论，不过是人的正反面，区别就在于论证人向善的不同路径而已。孟子的"善"来自于内心，仁义礼智等道德观念，"求则得之，舍则失之"，虽然人先天有善性，后天也有可能会失去；荀子的"恶"来自于人的本能，但君子可以"化性起伪"，"强学而求有之"。也就是说，人先天没有的善性，经过后天学习也可以具备。因此，孟子的性善论其实是"后天变恶"论，荀子的性恶论其实是"后天变善"论，二者都强调后天学习和道德养成的重要性。

在儒家哲学的舞台上，孔子定下人生的主题是"内圣外王"之道。孔子是导演，孟子是"唱红脸"的主角，荀子是"唱白脸"的主角。孟子勉励人们，人心本善所以可以为善，但一定要注意后天的养成，千万不要丢掉了善性；荀子告诫人们，人性本恶但也可以向善，关键是用礼和理来节制欲望而不至于太放纵，也可以为善。一个主张道德修养要向内求

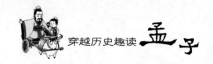
索发明本心；一个主张加强道德教化和礼制约束。他们的社会理想相同，都是劝人向善之说，都源于他们对拯救人性拯救社会的使命感。不过孟子主张靠自我修行，荀子主张靠礼法约束，一个软一个硬，殊途同归浑然天成。孟子象温柔慈善的妈妈，荀子象严肃深沉的爸爸，风格不同，但劝人向善的目的相同。孟子主张"人皆可以为尧舜"，荀子主张"涂之人可以为禹"。一正一反，论证并践行了儒家哲学劝人向善和道德修养之道。

第九章

修身立德之道

孟子认为人内心先天地存在四种善端，但并不意味着人躺着什么也不做就可以成为道德圆满的人，因为善端有可能丢掉。因此，善端只能说明人有向善的可能性，而不是必然性。要将心中的善变成现实的善，由善的人性变成善的人格，必须修身立德。

修身立德之道是孟子的核心思想。他一生劝人向善，人该如何向善？首先是"居仁由义"，人要真诚地活着，应该把行仁义作为目的，而不是手段。其次，人要"存心养性"，保护好心中的善端。第三要"先立乎其大"。第四是"心无愧怍"。第五是"舍生取义"。人生所有的取舍只能基于一种法则——目的和手段是否正当，是否符合义的要求。第六是"反求诸己"。最后，孟子提出了"养浩然之气"的最高境界。一个人身上有了"浩然之气"，就能够成为大丈夫、君子和圣人，成就最高人格境界。

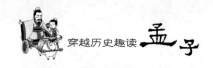

珍爱善端，远离禽兽

　　孟子认为人可以为善，而不是必然为善，只是用性善论暂时划开了人与禽兽的界限。孟子认为人和禽兽之间的区别，就在于人有四种善端等道德价值，而禽兽只有"食色"的本能。所以，孟子最为珍视人之所以为人的道德价值，特别担心成为禽兽或禽兽不如的人。

　　人内心的善端可能枯萎，也可能丢掉，一旦人不能"存心养性"，人就成了无毛两足动物，又沦落成禽兽了，这是孟子无法接受的。为此，孟子为人类设计出一套独门心法，让我们"珍爱善端，远离禽兽"，这个独门心法就是"存心养性"。

　　"存心养性"不仅是人与禽兽的界限，也是普通人与君子、圣贤之间的区别。"人皆可以为尧舜"，但人并不必然成为尧舜。人与君子、圣贤在道德起点上是平等的，但常人与圣人在"存心养性"上的认识和用力不同，造成了常人与圣人之间的区别，因为圣人真切体会并认真实践了"存心养性"的根本之道。

　　"君子之所以不同于普通人，就是因为善于存心的缘故。君子居心于人，居心于礼。仁人爱人，有礼的人尊敬别人。爱人的人，别人经常爱他；尊敬人的人，别人经常尊敬他。"在孟子那里，心与性都是人的内在价值，如果人能保存善端，人性就能蓬勃生长。

"存心养性"是人所以为人的内在根据，人应该自觉自愿地时时存心养性。但也总有人认识不到自己内心的善端，不努力存心养性，成为自暴自弃的人。

"自我残害的人，和他谈不出有价值的言论；自我抛弃的人，和他做不出有价值的事业。出言破坏礼义，叫作残害自己；自认为不能居仁心行正义，叫作抛弃自己。仁，是人类最安适的住宅；义，是人类最正确的道路。空着最安适的住宅不去住，舍弃最正确的道路不去走，真是悲哀啊！"

人内心有善性却主动放弃；可以为善却主动选择视而不见，这就是自暴自弃的人。而自暴自弃的人，是正在滑向禽兽深渊的人，不值得与他一起说话做事。

为何有的人成为君子圣贤，有的人却自暴自弃成为禽兽呢？孟子认为，君子圣贤与自暴自弃者中间有个"求放心"的差距。有的人丢掉了良心，却不知道或不愿意找回来。因此，孟子认为人生之道就在"存心养性"，修养之道就在于"求其放心"。

孟子举例说，"有人无名指弯曲而不能伸直，不疼痛且不妨碍做事，但如果有人能使它伸直，哪怕是到秦国、楚国去治疗，他也不会觉得远，因为无名指比不上别人。无名指比不上别人，尚知道厌恶；心性比不上别人，却不知道厌恶，这就叫不知道轻重。"

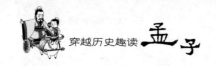

孟子认为，在人生的道路上，我们要做心明眼亮的明白人，而不是眼睛看得见心却瞎掉的糊涂人。有人家里的鸡狗丢掉了，就心急如焚去找；良心丢了却茫然无知甚至不愿去找回来；无名指弯曲了虽然不好看但不碍事，不远千里求医问药；但良心丢掉了却不知道找回，这是非常可悲的。

存心养性贵在坚持。仅仅知道存心养性的道理还远远不够，还需要长期坚持下去，否则又变成了自暴自弃者了。

孟子说，"即使天下最容易生长的东西，如果晒它一天，冻它十天，没有能生长的。下棋是小技艺；不专心致志就学不到手。弈秋是全国棋圣，他教两个人下棋。一个人专心专意，只听弈秋的话。另一个虽然听着，但心里却想着有只天鹅快要飞来，要拿弓箭去射它。这样，即使跟人家一道学习，他的成绩也一定不如人家的。是因为他的聪明不如人家吗？不是这样的。"

由此可见，存心养性非一时之功，需要持之以恒的毅力和专心致志的定力。如果像弈秋的那个三心二意的弟子一样，不仅射不到天鹅，更下不好棋。同理，没有专心致志的坚持，我们将既存不了心，更养不了性，还是有滑向禽兽的危险。

居仁由义

儒家认为理想社会应该具有两个特征，既要让世界充满爱，又要让世界更和谐。爱的世界需要有一颗爱人的心；和谐的世界需要用道德价值来规范行为，让人人都在正确的轨道上运行。在孟子看来，理想社会需要"仁"的精神，更需要"义"的规范。总而言之，仁与义是人生活的价值追求，是道德生活的总规则，这就是孟子"居仁由义"的思想。

"居住的地方在哪里？仁就是了；行走的道路在哪里？义就是了。居于仁中，行在义上，一个有高尚人格的人所做的事就齐备了。"

孟子提倡，人应该住进仁的精神家园，应该遵循大道而行。但在现实中，人们眼里都是利益，人人追求华堂大屋，走争权夺利的道路。这是缘木求鱼颠倒了追求的方向。对此，孟子曾经批评过梁惠王，说"王何必言利"，认为他思想境界不高。一个品德高尚的君子应该追求仁义，而不应追求华服美色、功名利禄，而应该居住在仁中行走在义上，这样才是有价值的人生。

"仁"是儒家思想的核心，是爱人、推己及人的一种主观情感。在春秋时期，同样提倡爱人的还有墨家学派。但在爱人的实践上，儒家和墨家有明显的分野。儒家认为要按照血缘关系的亲疏远近来爱人。也就是说，儒家的爱是有先后顺序的，人应该首先爱父母，然后是兄弟姐妹、同学师长、同事上级等。而墨家认为儒家的爱太吝啬，应该撒向世界全是爱，毫无差别地爱别人，这才是"兼爱"的大境界。孟子

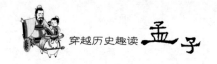

坚定地支持孔子的仁爱思想，他认为墨子撒向天下全是爱，把对父母的爱淹没在天下人之中，就等于不爱父母，就是禽兽。

孔子认为义是一种社会道德规范，是君子所应该有的道德品质。"君子义以为质，礼以行之，逊以出之，信以成之。君子哉！"

这说明一个真正的君子，道德品质中义是根本，表现在外面的行为是礼，有高度的文化修养；态度谦逊不自满骄傲；对人对事处之有信。在孔子看来，义是区分君子与小人的标准。孔子对仁义的定义很笼统，没有回答仁义从何而来的问题，而孟子将仁义并举，系统地回答了仁义的来源问题，这在中国哲学史上是一个伟大的创见。

孟子认为，仁就是"恻隐之心"，是内心的同情怜悯心；义是"羞恶之心"，是对善恶美丑的价值判断。仁教会我们爱人；义教会我们判断善恶。所以，义既是内在的道德情感，也是外在的道德规范，它与仁一起，共同构成了中国人的道德观念——人既要爱人，又不能爱心泛滥；要在义的约束下，知荣辱是非，符合道义的就要有所为，不合道义的不能为。所以，孟子提出的"居仁由义"，可以用两句话来概括：仁者爱人和有所为有所不为。

孟子认为，仁是人的良心本心，它先天地存在我们心里，但仅仅把良心本心放在心底，不运用到社会生活中，还不是善，但要把良心本心显现于社会生活，需要义的规范。孟子对行仁义有更高的要求，认为"居仁由义"应该是人内心的需求，是以良心为驱动力的，自然而然、自觉自愿的行为。也就是说，"居仁由义"是人生的目的，而不是获取名利地位的手段。他称颂舜说，"舜明于庶物，察于人伦，由仁义行，非行仁义也"。就是说"舜明了各种事物的道理，体察各种人物的心情，是因为他按照仁义去做，不是把仁义作为工具来使用"。也就是说，"居仁由义"是审美的，而不是功利的；是自觉的，而不是被迫的；是目的，而不是手段；是我要做，而不是要我做。这就是"居仁由义"的最高境界。

人生应该如何取舍

人生充满了无数选择，但在选择的背后，无非是取和给的问题。单靠一颗爱人的心无法解决人如何取如何舍的问题，必须有一个准则。

孟子周游列国时，有时候收人家钱，有时候又不要。齐宣王要给他大房子和丰厚的报酬，孟子分文不取，弟子们都搞不明白孟子的想法。孟子告诉弟子，"非其义也，非其道也，一介不以与人，一介不以取诸人"。原来，孟子收不收钱的标准是义，合理正当的就取，不符合道义的一分钱也不拿。在鱼和熊掌面前，在生死和道义的抉择时刻，要遵照义的原则，

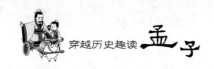

哪怕牺牲生命，也要誓死捍卫道义。

"我喜欢鱼，我也喜欢熊掌，如果两者不能并有，就舍弃鱼而选择熊掌。我珍爱生命，我也推崇道义，两者不能并有，就舍弃生命而选择道义。我珍爱生命，但我所喜爱的还有胜过生命的东西，所以我不做苟且偷生的事；我厌恶死亡，但我所厌恶的还有超过死亡的事，所以有的灾祸我不躲避。"

在鱼和熊掌之间，人们总会选择更为珍贵美味的熊掌；在生命与道义之间，我们应该义无反顾地选择道义。波兰诗人裴多菲说，"生命诚可贵，爱情价更高。若为自由故，二者皆可抛"，把自由当成最高价值。但对以孟子为代表的中国古代的仁人志士来说，应该改成"熊掌诚可贵，生命价更高，若为仁义故，二者皆可抛"。这是孔子"志士仁人，无求生以害仁，有杀身以成仁"思想的进一步升华。中华民族崇尚道义胜过生命，在生命与道义面前，宁可牺牲生命，也要遵循大道而行，体现了中国文化中的崇德重义贵公贱私的民族精神。

大人的标准

孟子最推崇"大人"，他眼里的"大人"，不是位高权重的人，对那些高高在上的王公贵族，孟子反倒一百个看不上眼，从来都是翻白眼没好话的。大人也不是年龄大的人，虽然孟子提倡人要有仁爱之心而尊老爱幼。孟子曾经说过，有五种人他是不教的，其中有一种就是仗着年龄大倚老卖老的人。大人更不是身材高大的人，当年，曹交想拜孟子为师，他认为自己和圣人差不多高，都属于身材魁梧的壮汉，为什么人家是圣人，自己却只会吃饭而已。孟子听了肺都气炸了，直接把曹交赶走。看来，孟子推崇的大人，绝非位高权重也非年龄大更非身材高大的人，孟子眼中的"大人"有更深的含义。

第一是能"格君心之非"的人。"那些当政的小人不值得去谴责，所谋政事也不值得非议。只有大仁大德的人才能纠正君主思想上的错误。"

第二是保持了婴儿般纯净内心的人。"有德行的人是能保持那种婴儿般天真纯朴之心的人。"

第三，大人不一定事事守信，但必须是依义而行的人。"有德行的人，说话不一定句句守信，行为不一定贯彻始终，与义同在，依义而行。"

大人的更高标准是，他是一个正己而正物的人。"有侍奉君主的人，以讨君主欢心为乐；有安定国家的臣，以安定国家为乐；有顺应天理的人，当他的主张能行于天下时，他才去实行；有人格魅力达到伟大境界的人，端正自己，天下万物便随之端正。"

看来，孟子眼中的大人能纠正君主错误的想法；他的心

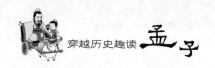

像个孩子一样纯洁无瑕；他智慧通达，说话做事遵循道义；他端正了自己，从而影响世界。这是一个德行高尚、志趣高洁、追求高远的人。

先立乎其大

那么问题来了，如何才能做"大人"？或者说，世界上为什么有"大人"，同时也有"小人"呢？

弟子公都子便有这样的疑惑。

公都子问："同样是人，有的成为大人，有的成为小人，这是为什么呢？"

孟子说："注重身体重要部分的成为君子，注重身体次要部分的成为小人"。

公都子又问："同样是人，为何有的人注重身体重要部分，有的人注重身体次要部分呢？"

孟子说："耳目不会思考，常常被外物蒙蔽，一与外物接触就容易被引入迷途。心有思考功能，思考就会有所得，不思考就得不到。这是上天赋予我们的能力。首先把心端正起来，那么其它次要器官就不会被引入迷途了。这就是大人与小人的区别。"

原来，大人是识大体而立心的人。孟子认为，口鼻耳目这类器官是"小体"，只能被动地接受外界信息，它不会思考，一旦外界有风吹草动的诱惑，就会跟着跑偏；而心是"大体"，会思考有价值判断，不会被外物所影响和诱惑。所以注重养心的是大人，而注重吃喝玩乐满足口鼻耳目欲望的是小人。按照性善论的观点，"大体"是"心"，是良心本心，"小体"是声色欲望。"先立乎其大"就是要先"立心"，保存并扩充自己的良心本心，而不是顺从欲望而泛滥成灾。

当然，孟子的意思并不是说，不要保养眼耳口鼻四肢等小体，否则就成了自残之人了。孟子认为，人生最为重要的是立心养心，而不是本末倒置，把四肢练得发达而忽视了良心本心。

孟子说，"人们对自己的身体，都是处处爱护的。处处都爱护，则处处都保养，没有哪一寸皮肤不爱护，也没有哪一寸皮肤不保养。看他保养得好不好，难道有别的办法吗？自己吃饭喝水就是了。身体有贵贱之分，有小大之分。不要以小的去损害大的，不要以贱的去损害贵的。保养着眼于小处是小人，着眼于大处是大人。有个园艺师，不去爱护梧桐树和槚树，而去爱护保养酸枣树和荆棘，这个人就是很贱的园艺师。只想着养护一根指头，却忽视了肩背的健康，这就是一个昏乱糊涂的人。只讲究吃喝的人，人们都鄙视他，因为他贪小而失大。满足口腹难道仅仅是为了一小块地方吗？"

孟子告诫我们，不要学那个笨蛋园艺师，更不要做糊涂之人，丢了西瓜捡芝麻，为了养护小体，反倒丢掉了良心本

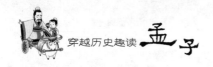
心这个大体。也就是说，活着就要吃喝，但这不是活着的全部。人生要"先立乎其大"，挺立起良心本心，存心养性，因为你拥有了崇高的道德，就拥有了全世界。

天爵与人爵，哪个更重要？

在人生的道路上，选择了"先立乎其大"而修养道德，得到的是"天爵"；选择了富贵利禄声色犬马，得到的是"人爵"。"天爵"是上天赋予人的道德价值，谁也夺不走；"人爵"是君主给你的，君主不高兴，人爵也就随风而逝了，不仅人爵随风而逝，连人都有可能被拦腰砍断。所以，人生最重要的是"先立乎其大"，追求谁也夺不走的"天爵"，而不是追求那些高官厚禄等"人爵"。

"有天赋的爵位，有人间的爵位。仁义、忠实、诚信，乐于帮助别人而不厌倦，这是天爵。做到了公、卿、大夫等职位，这是人爵。古人着重修养天爵，人爵也就会随之而来。今人着重修养天爵，但目的是获得人爵。而一旦取得了人爵，就抛弃了天爵，真是糊涂透顶了，结果必然把一切都葬送掉。"

天爵是人本身就有的，谁也拿不走；人爵是别人给你的，随时可能失去。立乎其大是修养天爵，立乎其小是追求人爵，哪种可以长久，一目了然。

"先立乎其大"是孟子道德修养学说的核心。他提醒我们要识大体，对良心本心应给予足够重视，而对耳目口腹欲望保持充分警惕，不能被过分的欲望填满内心，从而让良心本心没有立足之地。这是人生选择的问题，因为有时候选择比努力更重要，选择养其小者为小人，选择养其大者为大人，君子与小人之别就在于此。

人生如射箭

法国作家拉伯雷说："人生在世，各自的脖上扛着一个褡子，前面装着别人的过错和丑事，因为经常摆在自己眼前，所以看得清清楚楚；背后装着自己的过错和丑事，所以自己从来看不见，也不理会。"这说明，人会选择性"失明"，对自己的错

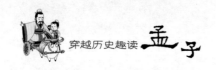

故意视而不见，对他人的错明察秋毫，古今中外概莫能外。这是病，得治。老子开出的药方是人要有自知之明。他说"知人者智，自知者明"，人要认清自己。孔子开出的药方是"君子求诸己，小人求诸人"，用君子勉励用小人鞭策。因为君子严格要求自己，小人严苛要求别人。曾子提出"吾日三省吾身"，要求人们每天多次反思自己，及时改正自己的错误。孟子则大力提倡"反求诸己"，做人最重要的是严格要求自己，人的成败、祸福都是自取，而不是怪别人。不能"睡不着觉怪床歪"，要从自己身上找原因；更不能"命苦怪政府，点背怨社会"，而要深入内心，时刻自省反思，做最好的自己。

孔子和孟子都喜欢用射箭做例子，来阐明反求诸己的思想。

孔子说："君子立身处世就像射箭一样，射不中，不怪靶子不正，只怪自己箭术不行。"

孟子说，"有仁德的人就像射手：射手先端正姿势然后才放箭；如果没有射中，不怪比自己射得好的人，而是反过来找自己的原因。"

孔孟理想中的箭手总是从自己身上找理由，而我们往往会为自己的失败找一百个借口，却不肯承认自己有一个错。就像是射箭，没有射出满意的成绩，有人会说今天的风太大，也许还会说今天靶子歪。孔子和孟子告诉我们，不要为失败找借口，而要为成功找方法，这个方法就是"行有不得，反求诸己"。

反求诸己

孟子道德修养的核心精神是"反求诸己"，凡事都要先想想，自己做的好不好，而不是睁大眼睛找别人的错。

孟子说："我爱别人，别人却不亲近我，就应该反思自己是否真正爱别人；我管理别人，却没有管理好，就应该反思自己是否有管理智慧；我待人以礼，但别人却不以礼待我，就应该反思自己恭敬程度够不够。任何行为如果没有达到预期效果，都应该回过头来从自己身上找原因；自身端正了，天下的人才会归服他。《诗经》上说：'长久地配合天命，幸福就要自己去寻求。'"

这是一个眼睛向外看的时代，这是一个怨天尤人的时代。人们往往以为自己无比正确，而别人都是"傻缺"。努力得不到回报，就抱怨世界不公平；热情得不到回应，就抱怨别人太冷漠，总之都是别人的错。

每个人都是独立的个体，都有自己的追求和价值，没有人能和你完全同频共振，你的频率还需要自己调节。所以，与其抱怨别人，不如提升自己。儒家讲"为己之学"，不是自私，而是要求人们多反思自己，更严格要求自己，从而"与人不求备，检身若不及"。最后孟子还引用《诗经》的话，提醒我们"永言配命，自求多福"，幸福是靠自己努力争取来的，不努力，别人给不了你幸福，如果要给的话，也许是

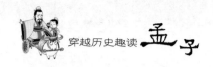

鄙视的白眼而已。

那么，我们该如何与人相处呢？孟子说，"假设有个人，他对我粗暴蛮横，那么君子就要反躬自问：'我一定不仁，一定无礼，要不他怎么会对我这种态度呢？'反省后做到了仁与礼，那人仍然是粗暴蛮横，君子又会反躬自问：'我对他还没有尽心竭力。'自我反省而达到了尽心竭力，那人还是粗暴蛮横，君子就会说：'这就是个狂妄之徒而已，这样的人，跟禽兽有什么区别呢？同禽兽又有什么可计较的呢？'"

在人际交往中，孔子和孟子都提倡"忠恕之道"。忠，是"己欲立而立人，己欲达而达人"，你想在社会上立足通达无碍，就要帮助别人也通达无碍，人与人之间只有相互支撑，人生才能行稳致远。恕，是"己所不欲，勿施于人"，你不想别人强加到你身上的，也不要强加到别人的身上，只有推己及人换位思考，社会才能美丽和谐。你对别人的态度，折射了你的修养程度。你"投之以木瓜"，别人才会"报之以琼瑶"。"忠恕之道"的核心是做好自己。当然，总有一些蛮横无理的"垃圾人"，当我们已经仁至义尽的时候，对方还粗暴无礼的话，就没有必要理会，因为我们是人，他是禽兽，你要是同他一样蛮横粗暴，那你就是禽兽不如了。

孟子说："不仁的人难道可以同他商量吗？他们眼见别人的危险而无动于衷；利用别人的灾难来谋利；把荒淫暴虐

这些足以导致国家灭亡的事情当作快乐去追求；这些不仁的人要是可以用言语劝说，哪还会有什么亡国败家的事发生呢？曾经有个孩子唱道：'沧浪的水清啊，可以洗我的帽缨；沧浪的水浑啊，可以洗我的脚。'孔子说'学生们听着，水清就洗帽缨，水浑就洗脚，这都是水本身决定的。'所以人必先有自取其侮的行为，别人才侮辱他。家必先是有自取毁坏的因素，别人才毁坏它。国必先有自取讨伐的原因，别人才讨伐它。《尚书·太甲》上说：'天降灾祸，还可以躲避；自己作孽，逃也逃不了。'正是这个意思。"

孟子认为，不仅在人际关系上要"反求诸己"，在挺立道德主体性上，更应该"反求诸己"，因为无论是事业还是道德，都只能自己去追求，靠不了别人。换句话说，祸福均由自取。

万物皆备于我

孟子为什么强调"反求诸己"在道德修养中的重要性呢？这可以从"性善论"中找到答案。孟子认为，人内心先天有四种善端，如果人的眼睛老是往外看，看到的都是别人的不是，那就荒废了自己心田中善的萌芽。只有切身自反回到内心，体察善端，求得良心本心，才能将良心本心外显于事，内化于心而外化于行。唯有"反求诸己"，才能明察内心，获得一种心安理得、心无愧怍

的幸福感，这就是"万物皆备于我"的崇高境界。

孟子说："人生于天地间，万事万物的道理都存在于我的心里。反躬自问，自己是忠诚踏实的，就是最大的快乐；不懈地以推己及人的恕道去做，求仁的道路没有比这个更近的了。"

"反求诸己"是修炼道德的捷径。孟子之所以有"人皆可以为尧舜"的自信，一方面源于人心中有善端的存在，可以为善；另一方面"反求诸己"的修养方法比较简易可行。因为你只要返回内心重新发现良心本心，将良心本心外显于现实生活，就能自得，由自反而自得，这就是成就道德的途径。

"万物皆备于我"不是"我就是一切，一切就是我"的盲目自大；也不是"一切就在我心"的主观唯心主义，而是在发明本心、保存善性、实现道德圆满之后的一种自觉自足的精神境界。因为人性是善的，善是天给的，人能够反求诸己，实现了人的善，就完成了上天交给我们的使命，这样就达到了天人合一，从而实现"万物皆备于我"的境界。

心无愧怍

古希腊哲学家伊壁鸠鲁说，快乐就是身体无疾病，灵魂无纷扰。

和伊壁鸠鲁一样，孟子认为天下最快乐的事情，莫过于灵魂的平和。家人健康平安是我们美好的期望，但事实上，这并不取决于个人的意愿，是求而不一定能得到的；希望找到天资聪明勤奋努力的好学生，教育他成为国家的栋梁之才，这也不是自我能决定的，老师和学生之间其实是相互成就的关系，遇到"熊孩子"，再好的老师也会头大。这两种快乐都是人追求但未必能得到的东西。

按照孟子性命学说的定义，外在的追求和人生际遇，属于求未必得的"命"，而"仰不愧于天俯不怍于人"，是一种"君子坦荡荡"的安然心境，是求可以得的"性"，是我们本来就有的良心和本心。

人的良心和本心，是人生道路上的指挥官，它对人的行为发号施令，人如果按照良心本心的命令去做，就会拥有心安理得的幸福感；如果听到了良心本心的命令而不去做，就会觉得良心上有所亏欠，从而背上良心的债。一旦"心有愧怍"，人就会产生一种不安、焦虑和自责心理，灵魂始终处于纷扰之中。

"心无愧怍"是孟子道德修养论的重要组成部分，也是性善论的基础。孟子在论证人何以为善时，就使用了"愧怍之心"的概念。有人看见孩子快要掉进井里，会毫不犹豫地出手相救，但不是为了攀关系或沽名钓誉。那么人为何在一瞬间产生惊惧心理而选择出手相救呢？这是因为人的内心有善端，人的良心本心在第一时间发出指令，去做就坦然自得，不去做就对不起良心，心存愧怍而一辈子得不到安宁。

157

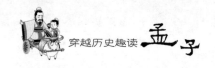

在游说各国时，孟子一直使用"愧怍之心"作为武器。在齐国，蚳蛙因为孟子说他尸位素餐心存愧怍，挂冠而去。孟子给齐宣王讲了一个朋友将妻子儿女托付给朋友，而朋友却让他们受饥挨饿的故事，齐宣王认为应该和不守信誉的人绝交，但当孟子说，如果一个人没有把国家治理好该怎么办的时候，齐宣王"顾左右而言他"，这也是出自于愧怍之心。蚳蛙和齐宣王不是坏人，有愧怍之心倒也正常。但舜的弟弟象一心想谋杀哥哥，霸占两个嫂子，在一次精心策划的谋杀中，象以为已经得手，心急火燎赶到舜的家中准备霸占嫂子和家产时，看见舜竟然还活着，象"忸怩"了一下，是良心本心让象感到心中有愧而忸怩不安。可见，无论是普通人还是帝王、好人还是坏人，心中无愧则心安理得，心中有愧则不安忸怩。行善则心安理得坦然磊落，行恶则受到良心谴责，处于如坐针毡之中。正所谓"人能克己，则仰不愧，俯不怍，心广体胖，其乐可知，有息则馁矣"。

别让浩然之气跑了！

心中无愧则胸怀坦荡生活如光风霁月般美好，心中有愧则心中有鬼行走坐卧寝食难安，这就是良心本心对人的行为的奖赏与惩罚。孟子认为，道德修养的最高境界是心中充溢着一种至大至刚的"浩然之气"。但"浩然之气"就像纯净的雪孩子，遇到不道德的事情，就会消失得无影无踪。

"浩然之气"是人内心最光明磊落宏大刚正的心理状态，"浩然之气"要用仁义去培养，最大的敌人就是心有愧怍，一旦人在良心上有了亏欠，就会变得软弱无力直到消失殆尽。所以要培养"浩然之气"，就不能违背良心本心，做有亏于良心的事情。换句话说，"心无愧怍"是培养"浩然之气"的前提。

孟子的道德修养论，从"存心养性"开始，到自觉自愿地"居仁由义"，再到返回内心的"反求诸己"，最后体察并听从道德命令从而让自己"心无愧怍"，都是要求人们，沿着挺立独立人格和道德主体性的道路，做一个道德上完美的人。正是因为如此，人才有成为尧舜的可能。

在孟子的人生哲学中，自我是生命和道德的主宰，选择成为一个什么样的人，一切都由自我决定。南宋著名哲学家陆九渊，把孟子的道德哲学概括为一个"自"字，可谓与孟子"心有戚戚焉"。陆九渊说，"暴谓之自暴，弃谓之自弃，侮谓之自侮，反谓之自反，得谓之自得，圣贤道一个自字煞好"。人都是自我残害自我放弃，都是自取其辱，得与失都是自我的选择。可见，祸福均由自取，人生的坦然与纷扰，无不与自我选择有关，而如何选择人生道路，其实很简单，只需要返回内心倾听良心本心的声音，按照道德律令去做就是了。

第十章

孟子的理想人格

　　孟子喜欢讲"人禽之别"，因为孟子认为，既然我们很幸运地成为了人，就应该有人的样子，为人之道就是努力距离禽兽越来越远，而不是成为禽兽不如或衣冠禽兽，这是孟子为人类划定的底线。孟子也喜欢讲"人皆可以为尧舜"，只要你努力，就可能成为尧舜那样的圣人。所以，为人之道就是努力向尧舜那样的圣人靠近，这是孟子为人类树立的高标。

　　孟子崇尚大丈夫，在他身上，集中体现了大丈夫人格的风范——独立人格、不畏权势和有守有为。孟子眼里的"大丈夫"，是"富贵不能淫、威武不能屈、贫贱不能移"的不畏权势、不慕富贵、人格独立的大英雄，是"穷则独善其身、达则兼济天下"有操守、有担当的男子汉。

　　为劝人向善，孟子为中国人树立了理想人格，他希望人都能向圣人学习努力向善，最好成为尧舜孔子那样的圣人，实在做不到，你可以做个君子、大丈夫，做个有良心的人，反正不能做禽兽。

儒道法墨圣人形象大PK

哲学史家冯友兰先生说，中国人的最高理想是追求是"内圣外王"之道。"内圣"是追求自我道德的圆满；"外王"是齐家、治国、平天下，一内一外构成了中国人的理想人格。

春秋战国时期是中国思想史上的黄金时代，是诸子百家竞相登上历史舞台的"轴心"时期。各学派都根据自己的理论，推出圣人形象，这些圣人身上，集中体现了各学派的最高理想。

孔子的理想是成为尧舜那样的圣人。孔子在回答如何成为君子的问题时，详细阐述了圣人的标准。

子路问孔子如何做个君子。孔子说："修养自己，对人和事都要保持严肃恭敬的态度。"

子路说："这样就够了吗？"

孔子说："修养自己，使人们安乐。"

子路说："这样就够了吗？"

孔子说："修养自己，使所有百姓都安乐。如此，恐怕连尧舜都难以做到呢！"

在孔子看来，君子的起点是修养道德，就像游戏中的"打怪升级"一样，先修养道德，再一步步向圣人靠近。在修养道德的基础上，更要心怀天下，为百姓做贡献，这样才能做

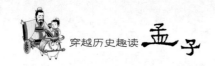

像尧舜那样的圣人。由此可见，孔子眼里的圣人有两条标准，一是具有极高的道德修为，二是有平治天下的伟大功绩。但这个标准实在太高，把圣人变成了国宝熊猫那样的稀缺资源。孔子就经常感叹说，圣人我没有看到，能看到君子就不错了。可见，尧舜那样的圣人，是孔子最高理想人格典范。

道家学派表示不服气。他们强烈反对儒家仁义礼智的价值观，庄子就曾经"恶毒"地说，"圣人不死，大盗不止"，把儒家树立的圣人说成是社会动乱的根源。提倡"无为而治"的道家，眼中的圣人和尧舜完全不一样。老子认为真正的圣人无为而治与世无争，是冷眼观世、遗世独立的高士，是拥有高深的智慧，悟透生命之道退隐不争全身养性的智者。而庄子就更加高妙了，他笔下的圣人是游方之外，抛弃了一切依靠和凭借而逍遥于天地之间"独与天地精神往来"的至人、神人和圣人，他们超越于现实世界，因为"至人无己，神人无功，圣人无名"。

墨家是无条件牺牲自己成全天下的学派，他们崇尚毫不利己专门利人，哪怕是摩秃头顶、走坏脚跟也要兼爱天下。在他们眼里，儒家圣人不够博爱；道家圣人不负责任；法家圣人心狠手辣。他们理想的圣人是兼爱天下，从来没有个人私欲，把身心和灵魂全部奉献给天下的人。

法家说你们太天真幼稚了。大车店老板希望别人发财，不是他善良，而是希望人们来买他的车；棺材店老板巴望着每天死人，不是他心坏，而是想多卖棺材。人性是自私自利趋利避害的，顺着人性疯狂生长而不严加管束，社会将会陷入极度混乱。因此人性需要严刑酷法约束，君主和臣子、百姓是互相算计的关系，君主既要心狠手辣又要心机深沉，用法术势的配合和高超的权谋，才能一统天下。也只有这样的君主，才能成为法家的圣人。

儒、道、墨、法等学派都树立了圣人形象，其目的就是塑造本学派的理想人格，用现实或虚构中的圣人，为他们的思想代言，从而推广自家的思想。

相对而言，儒家圣人类似于"三好学生"，品德高、学习好，还要对社会有巨大的贡献。而墨家圣人要毫不利己专门为人；道家圣人要完全超越功利超越世界；法家圣人要一统天下，这些圣人殊为难得。儒家树立的圣人更贴近生活，他们是活生生的人，靠高尚的道德和伟大的功业成为圣人。伟大的功业可遇而不可求，但追求道德是"操之在己"，你想做就能做，至于伟大的事业，就要看自身努力和后天环境的配合了。前者叫"性"，后者叫"命"。虽然我们可能毕生都无法达到圣人的高度，但作为榜样，可以让我们"虽不能至，然心向往之"。

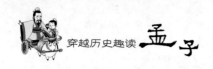

孟子扩大了圣人的规模

孔子认为圣人必须拥有王位，这样的标准太严苛，让历史上好多贤人都失去了做圣人的资格，连孔子自己也被挡在了圣人门外。孟子对圣人理论进行了修改和完善。因为孔子眼中的圣人，实在是难以企及的高度。而一种严重脱离现实的理想，只能是海市蜃楼般的空想。

孟子认为，做过王不再是成为圣人的必要条件，只要有崇高的道德境界，没做过王，也可以是圣人。所以不仅尧舜禹、商汤、周文王、周武王是圣人，周公也是圣人，甚至连伯夷、伊尹、柳下惠那样的贤人，也可以升格为圣人。在这个标准下，孔子很自然地成为了圣人的一员了。

孟子还别出心裁地把圣人进行了分类。拒绝吃周朝粮食最后被饿死的伯夷，是最清高的圣人；厨师出身的商朝政治家伊尹，是为国为民最任劳任怨的圣人；鲁国大夫柳下惠是最为和气的圣人；而孔子是进退有度识时务的，是圣人的集大成者。孟子降低圣人标准的行为，蕴含着他的良苦用心——当圣人的理想触手可及时，人们就不会自暴自弃。因为，自暴自弃的心理往往来自于看不到未来的绝望与焦虑。

孟子曾经告诉曹交，不要和圣人比身高，只要按照尧舜的行为方式去做，就能成圣人了。

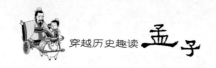

在孟子看来，成为圣人并不是"挟泰山以超北海"那样不可能的事，而是"为长者折枝"的日常践行。换句话说，成为圣人不是能不能的问题，而是愿不愿的问题。

"人皆可以为尧舜"，虽然降低了圣人的标准，但也扩大了圣人的规模，拉近了凡人与圣人之间的距离，让原来坐在云端的圣人，脱下了身上的仙气，有了更多的人间烟火气，增强了儒家理想人格的感染力和吸引力。所以，明朝哲学家王阳明的弟子王艮说，看着"满大街都是圣人"。"夫子亦人也，我亦人也，圣人者可学而至也"，这就是孟子的圣人观对中国文化的圣人崇拜产生的深远影响。

理想人格的六个层次

为把理想人格说清楚，孟子把理想人格从低到高分成六个层次，让人们按图索骥，树立学习的目标。

第一种是善。这种人值得别人喜欢，但不是长得好看或特别有钱，而是内心充盈着善的光辉。第二种是信。善不是刻意表现出来的，而是真实存在于人的内心，是按照内心的道德指令去做善事，是由"仁义行"而不是刻意地"行仁义"，这种境界叫信。第三种是美。美不是女孩子明眸皓齿、男孩子潇洒俊朗，而是内心充满了善和信的光辉。第四种是大。不仅内心要有善、信的美，还要将这种美表现出来，有益于社会，让别人都能从大人的道德之美中得到教益。

孟子很推崇大人的境界，他说，"唯大人为能格君心之非。君仁，莫不仁；君义，莫不义；君正，莫不正。一正君而国定矣"。"只有道德高尚的大人才能纠正君主思想上的错误，大人可以引导君主行仁。君主如果讲仁爱，人民没有不仁爱的；君主如果讲道义，人民没有不道义的；君主如果端正，人民没有不端正的。国君一旦端正国家也就会安定了。"因此，大人不仅要修养道德，还要对外物施加影响，让国家和社会也遵循正道。

这还不是理想人格的最高境界，大人只相当于把绝世武功练到第八层的人，而真正超凡入圣的是"圣"和"神"。在孟子心中，"圣人"是有美好道德和兼济天下的担当，能造福天下苍生的人。比圣人还要伟大的是神人。儒家不大相信鬼神，对鬼神之说存而不论。所以"神"不是在天上的神仙，而是在"圣"的基础上，通权达变出神入化的人，与圣人处在一个层次，只是说法不同而已。

善、信、美的层次，相当于"士"和"君子"，大的层次相当于贤人，已经接近于圣人境界了，而圣人和神人是孟子理想人格的最高典范，相当于尧舜禹那样伟大的君王和圣人。

孟子告诉我们，既然我们得到上天的恩赐，幸运地生而为人而没有成为禽兽，就应该追求道德的圆满，我们可以做个"士"或"君子"，做有为有守的"社会的良心"，而道德

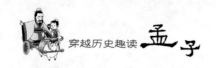

的追求是没有止境的，我们还要做大人、贤人，最后做像尧舜禹那样的圣人。孟子为我们搭建了从善到神的理想人格的阶梯，让道德追求有路可循，至于能否登堂入室脱凡入圣，关键在于自己的努力，因为事在人为，因为"人皆可以为尧舜"。

孟子的焦虑和韩愈的"道统论"

孟子逻辑鲜明地把理想人格分成了六个境界，这是伟大的创见。但他还需要说明，圣人何以成为圣人，圣人有哪些美好的品格和伟大的功绩。孟子首先把他心目中的圣人，按时间进行排序。孟子说圣人传承到孔子时，就像风筝断了线而后继无人了，这让孟子很焦虑。这种焦虑来自于他承继道统传承儒学的理想和担当。

孟子说："从尧舜到汤，经历了五百多年，像禹、皋陶那些人，是亲眼看见尧舜之道的；像汤，则是听说尧舜之道的。从汤到周文王，又有五百多年，像伊尹、莱朱那些人，是亲眼看见而知道的；像文王，则是听说商汤之道而知道的。从周文王到孔子，又是五百多年，像太公望、散宜生那些人，是亲眼看见文王之道而知道的；像孔子，则是听说文王之道而知道的。从孔子到现在一百多年了，（而我）离开圣人在世的年代不远，距离圣人的家乡这样近，但没看到能继承孔子思想的人，恐怕以后也很难有能继承的人了！"

　　孟子按照时间顺序，把他心目中的圣人一一列出。他们是尧舜禹、商汤、周文王和孔子。并且说自己出生时间和地点距离孔子最近，继承孔子的思想有先天的优势。他担心以后没有人继承孔子的大道，这隐约包含着自己立志继承孔子的思想，也成为圣人的理想。孟子生前地位不高，跑遍各国，没有国君能真正接受他的思想，唯一一个运用他的理论办了一个很好葬礼的滕文公，后来还对他残酷地"粉转黑"了。很多人把他当成脾气大、口才好、爱辩论、孜孜不倦游说诸侯推行仁政的儒家弟子，从来没有人想过也把他列为圣人。孟子生前无人理解更无人喝彩，他的圣人理想寂寞了近千年，直到唐朝大思想家韩愈，才善解人意地替孟子把这个想法明白无误地说出来。韩愈提出了著名的"道统论"。

　　"儒家的道从尧传给舜，舜传给禹，禹传给汤，汤传给文王、武王、周公，文王、武王、周公传给孔子，孔子传给孟轲，孟轲死后，没有继承的人。"

　　韩愈认识到孟子在儒家圣人道统传承中的作用，第一个把孟子列入圣人的名单，为孟子成为"亚圣"打下了基础。和孟子一样，韩愈也有儒家道统后继无人的焦虑，这同样隐含着自己延长儒家道统的链条，成为孟子之后传承儒家道统的人的理想。韩愈的理想最终没有实现，但在韩愈的提倡下，在宋朝范仲淹、欧阳修、王安石等政治家和张载等哲学家的推动下，到元朝元文宗时，孟子被封为"亚圣公"，正式奠

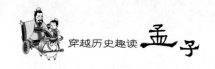

定了他在儒家道统中的历史地位，孟子继承孔子思想成为圣人的理想也得以实现。

孟子最崇拜的是舜和孔子。他常常忧心忡忡，"舜人也，我亦人也。舜为法于天下，可传于后世，我由未免为乡人也，是则可忧也。"在孟子看来，"大舜是人，我也是人。大舜为天下作了榜样，名传后世，而我还不免是个普通的乡下人"。孟子也心怀对孔子的崇拜，他说孔子是有史以来最伟大的圣人，他一生的愿望，就是成为孔子那样的人。其实，这是孟子为了宣传实践性善论和仁政思想，树立的两个圣人典型，换句话说，孟子是找了圣人为自己代言。

亲人虐我千百遍，我对亲人如初恋！

舜是上古先王中人生逆袭的榜样，是绝境中奋起的典范。舜生长在一个"问题家庭"，传说他每只眼有两个瞳孔，叫"重瞳"，这在古代被看作是天赋异禀，但现在看来是"斗鸡眼"。舜是大孝子，具有非凡的人格魅力，乡亲们都很喜欢在他的带领下做事。尧的儿子品质不佳，尧不好意思把帝位传给他，就四处寻找继承人。尧帝看中了舜的德行和能力，准备把帝位禅让给他，为了培养他，尧帝把两个女儿都嫁给了舜，并且派了九个人扶持帮助舜。

一切看起来都是那么美好，但对舜来说，却必须参与一场现实版的"死神来了"的游戏，因为舜首先要躲过他父亲、后妈、弟弟"暗杀三人组"的暗杀。舜的父亲、继母和同父异母的弟弟组成紧密协作的"暗杀三人组"，处心积虑搞死舜。几次预谋已久的暗杀，舜都应对自如化险为夷，每一次逃出生天，舜就更加孝顺父母、帮助弟弟。"亲人虐我千百遍，我对亲人如初恋"，因此，舜又被看成是大孝和大善的典范。崇尚性善的孟子最推崇的就是舜这一点。

孟子说，"人在年少时怀恋父母；年龄大了知道爱好美色，则喜欢年轻漂亮的姑娘；有了妻子就迷恋妻室，做了官就讨好君主；得不到君主赏识就会内心焦躁。只有最孝顺的人才终身怀恋父母，到了五十岁还怀恋父母的，我在伟大的舜身上见到了。"

弟子桃应给孟子出了个难题。他问孟子，既然舜成了天下的君主，又是大孝子，那么如果他父亲犯了罪，舜应该怎么办。

桃应问道："舜做天子，皋陶做法官，要是瞽瞍杀了人，应该怎么办？"

孟子说："逮捕他就是了。"

桃应说："那么舜不阻止吗？"

孟子说："舜怎么能阻止呢？逮捕他是有法律根据的。"

桃应又问："那舜该怎么办呢？"

孟子说："舜把抛弃天下之位当成抛弃破鞋子一样。他

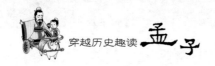

会偷偷背着父亲逃跑，沿海边住下，终生开心，快乐得忘掉天下。"

桃应很狡猾，给孟子提了个"道德两难"的问题，就相当于有人问，老婆和老妈同时掉进水里，你先救谁一样。既然是两难的问题，就应该"两害相权取其轻"。

在孟子看来，孝是人伦中最重要的美德，没有人伦关系的润滑，世界将是一个互相残杀冷酷可怕的地狱。因此，舜既不会破坏法治而赦免父亲，更不会破坏人伦把父亲抓起来。在亲情面前权力不过是过眼烟云而已。他会放弃天下带着父亲逃走，过无忧无虑的日子。

这种"亲亲相隐"的思想，从性善论的逻辑上来看，是很有道理的。孟子认为人性本善，提倡社会的和谐、家庭的和睦与内心的平和，假如舜大义灭亲杀了瞽叟的话，这固然在法律上无可厚非，但这损害了儒家的"仁""孝'的核心原则；假如舜利用权力赦免了瞽叟,这又损害了儒家的"义"。因此，在亲情和权势面前，孟子认为舜肯定会放弃天下的王位，带着父亲躲起来，圆满解决道德两难的问题。

孟子认为舜的大孝来自于性善，而真正让他成为圣人的，是他善于保存善性。

"人和禽兽的区别只是一点点的良心，一般人抛弃它，君子却保存它。大舜明白事物的道理，又懂得人际关系的实质就是仁义；他是从内心中真正的善出发，自觉地行仁义，而不是为了功利目的，把行仁义当作手段。"

这种不是"行仁义"而是"仁义行"的自觉，是听到内心善性的呼唤，而不是外在功名权势的驱使。也就是说，仁义是内心自发的目的，而不是沽名钓誉的手段。

孟子认为，舜的伟大之处还在于，他不仅自己身上闪耀着性善的光辉，还能带着别人一起行善，让这个世界充满阳光和爱。

"舜的伟大之处，在于带领别人共同做善事。舍弃自己的缺点，学习人家的优点，非常快乐地吸取别人的长处来行善。从他种地、做陶器、捕鱼一直到做天子，没有哪个时候不向别人学习。吸取别人的优点来行善，也就是与别人一起来行善。君子的最高道德就是带领别人一起行善。"

在孟子看来，一个人行善还不是大善，能够影响别人带领别人一起行善，才是大善，这也是仁政的表现、王道的开端。

行仁政学文王

孟子对周文王的赞颂，主要集中在文王能够怀着仁爱之心实行仁政方面。孟子总是歌颂周文王的丰功伟绩，借此说明，如果实行仁政，也可以做到周文王那样达到圣人境界的国君。

当齐宣王要拆掉明堂，孟子说要学习周文王，他才是

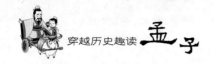

行仁政的典范。孟子告诉齐宣王，周文王把百姓放在心上，关心社会底层群众，对特困群体实施救济政策，这才是仁政和王道。所以，孟子劝齐宣王，如果像周文王那样推行仁政的话，会起到立竿见影的效果——"师文王，大国五年，小国七年，必为政于天下矣"。像齐国这样的大国，不出五年就能统一天下。

在和齐宣王的聊天中，孟子再一次歌颂了文王的仁政。当时齐宣王很憋屈，自己搞了个方圆四十里的苑囿，百姓很不高兴，认为他的苑囿太大了，而周文王"超标"搞了个方圆七十里的苑囿，百姓竟然欢天喜地帮他干活，这简直是岂有此理。

孟子告诉齐宣王，周文王的苑囿免费开放，谁都可以在苑囿里享受美好时光；而你的苑囿误入禁区要被抓起来坐牢，所以老百姓认为你的太大，文王的太小，这就是很朴素的民心"相对论"。齐宣王把苑囿当成私家园林；周文王把苑囿当成公用设施；周文王以民为重，苑囿就是百姓的福地；齐宣王以己为先，苑囿就是百姓的陷阱。孟子暗示齐宣王让老百姓开心，自己才会开心；老百姓难过了，你也没有好日子过。所以为政者当知"民为邦本，本固邦宁"的古训。

有德有守的伯夷

孔子的弟子们曾经说孔子是圣人，但孔子很谦虚，说自己"学而不厌诲人不倦"，不过是个勤奋好学，喜欢教书育人的老师而已。子贡顺着孔子的话说，学习不满足是有智慧；教书育人不觉得累是有仁德，既有仁心又有智慧，这就是圣人了。子贡为孔子量身定做了圣人的标准——"仁且智"。

孟子则在把孔子列为圣人这方面用功最深、影响最大，他不仅修改了圣人的标准，更为重要的是，他把没有做过王的四大贤人列为圣人，并进行了分类，在比较了伯夷、伊尹、柳下惠和孔子之后得出结论——孔子是圣人的集大成者，有史以来没有人比孔子更伟大！

在有贤德无王位的圣人中，伯夷是第一种类型。伯夷是商朝附属国孤竹国国君的儿子，老国君临死前想把王位传给叔齐，叔齐觉得这不合理，因为伯夷是老大，王位应该由大哥继承，就把王位让给大哥伯夷；伯夷觉得这不合理，因为让叔齐继承王位是父亲的意思，理应由叔齐继承。兄弟俩谁也不愿意继承王位，干脆手拉手跑到周国的首阳山上去隐居。

后来周武王伐纣，兄弟二人认为商纣王不仁；但周武王作为臣子以下犯上以暴制暴的行为很不合理，二人就拉住周武王的马劝阻他。武王灭商后，他们以吃周朝的粮食为耻，上山采

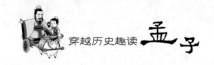

一种叫"薇"的野菜，光吃野菜肯定是不行的，最后饿死在首阳山。孟子很崇拜伯夷，他说：

"伯夷，眼睛不看不好的事物，耳朵不听不好的声音。不是理想的君主不去侍奉；不是理想的百姓不去役使。天下太平就出来做事，天下混乱就退避隐居。凡是有暴政和暴民的地方，他绝对不会去。他同乡下佬相处好像穿着礼服礼帽坐在污泥炭灰之中一样。商纣王时住在北海之滨，等待天下清平。所以听到伯夷风范的人，那些贪得无厌的人都廉洁起来了，懦弱的人也都有独立不屈的意志了。"在孟子眼里，伯夷是个清高的能淳朴民风的圣人。

商朝第一劳动模范伊尹

孟子很崇拜伊尹，认为虽然他出身不好，但有先知先觉的智慧和平治天下的担当，是圣人中的"劳动模范"。

伊尹本来是个种地的奴隶，后来自学成才做了厨师。凡是吃货或有志于做吃货的人，都应该记住这个名字，因为伊尹是中华厨师的始祖。伊尹虽然是奴隶，但有平治天下的志向，他通过高超的厨艺打动了商汤成为宰相，辅助商汤灭掉夏朝，为商朝的建立立下了汗马功劳。他用美食哲学来治理天下，史书上说他用"以鼎调羹""调和五味"的理论来治理天下。孟子不是吃货，他对伊尹的厨艺不感兴趣，真正让孟子崇拜的，是伊尹先知先觉的自信和平治天下的担当，这一点，孟子觉得自己和伊尹英雄所见略同。

"伊尹说哪个君主不能侍奉？哪个百姓不能役使？国家太平就出来做官，天下混乱也出来做官。伊尹又说，上天生育了这些百姓，就是要让先知先觉的人来开导后知后觉的人。我就是先知先觉的人，我要用尧舜之道来启发百姓。天下百姓，只要有一个男子或妇女没有受到尧舜之道的润泽，就好像是自己将他们推进水沟中一样。伊尹就是这样自愿把天下的重担挑在肩头的圣人。"

在孟子看来，伊尹是以先知觉后知、不辞辛苦拯救天下的圣人，是圣人中最为任劳任怨的"劳模"。

孟子在伊尹身上看到了自己的影子，孟子没做过奴隶也不大会做菜，但孟子和伊尹一样有强烈的自信和担当精神，认为自己也是先知先觉的人，是上天派下来拯救百姓的。伊尹辅佐商汤建立了商朝，统一了天下；孟子的志向更为高远，他不仅要推行仁政实现王道，还发明了性善论，用以拯救天下人早已沉沦的心灵。

内心和谐柳下惠

孟子认为柳下惠也是圣人。鲁国大夫柳下惠在一个寒夜里遇到了一个年轻的姑娘，眼看着就要冻死了，柳下惠把姑娘抱在

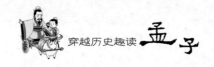

怀里温暖了一夜，没有任何非分之想和非分之举，人们称赞柳下惠是正人君子。柳下惠不仅是正人君子，还是一个著名的贤人，《论语》中记载："柳下惠当时在鲁国担任司法长官，三次被撤职。有人告诉柳下惠，你盛名远扬，为何不离开鲁国，到其他国家去做官呢？柳下惠说，我按正道侍奉君主，到哪里不会被多次罢官呢？如果我不按正道侍奉君主，为什么要离开本国呢？"看来在孔子的眼里，柳下惠是个以直道而行、坚持正义的贤人君子，是个值得尊敬的牛脾气。但在孟子的眼里，柳下惠是个一团和气追求和谐的人。

"柳下惠不以侍奉坏君为羞辱，不会因官小而辞职；立于朝廷不隐藏自己的才干，但必定按自己的原则行事；被冷落遗忘也不怨恨，困窘也不忧愁。与乡里人相处，很随和而不忍心离开。所以他说你是你我是我，你纵然在我身旁赤身裸体，又哪能沾染着我呢？所以听到柳下惠风范的人，胸襟狭小的人也宽大起来，刻薄的人变得厚道了。"

柳下惠始终保持人格独立和内心和谐，世界如何与我无关，我只做我该做的事，别人对我如何也没有关系，我依然微笑面对社会。

孟子很推崇柳下惠的和光同尘、和而不流的精神，认为柳下惠这种出淤泥而不染的独立人格，如春风化雨，能让刻薄寡恩的人变得朴实厚道，让心胸狭小的人变得宽宏大量，能对社会产生正能量，所以，孟子把柳下惠看成是圣人中最为和乐的人。

圣人的集大成者——孔子

伯夷、伊尹、柳下惠代表了三种类型的圣人。孔子是什么样的人呢？在孟子看来，孔子最大的优势在于能够因时而变，是个与时俱进的圣人。

"孔子离开齐国，不等把米淘完、滤干就走；离开鲁国，却说：'我们慢慢地走吧，这是离开祖国的态度。'应该马上走就走，可以迟缓就迟缓，应该不做官就不做官，应该做官就做官，这就是孔子。"

"伯夷是圣人中清高的人；伊尹是圣人中负责任的人；柳下惠是圣人中随和的人；孔子是圣人中识时务的人，是圣

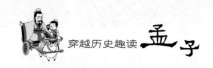

人中的集大成者。集大成的意思，就好比演奏音乐，先敲击金钟，最后用玉磬收尾一样。先敲击金钟是节奏条理的开始；用玉振收尾是节奏条理的结束。条理的开始在于智；条理的终结在于圣。智就好比技巧，圣就好比力量。就像在百步以外射箭，射到是你的力量；射中却不是你的力量。"

孟子认为，孔子是圣人中进退有度识时务的人，其他三种圣人太固执太类型化，只有孔子识时务懂变通，所以是圣人中的集大成者。孟子盛赞孔子，自从有人类以来就没有像孔子一样伟大的人，他一生的愿望就是成为孔子那样的人，孔子所代表的圣人风范，就是孟子的理想人格。

孔子的君子理想人格

中国文化强调做人做事要高标准严要求，所谓"取法乎上，仅得其中"，立下最高的标准，最后做的时候有可能得到中等的效果。在人格理想的设立上也是这样。事实上圣人确实是做人做事的最高境界，但能达到圣人标准的，历史上却凤毛麟角。孔子感叹说，自己没有见过圣人和贤人，能见到君子就够了。可见，"君子"低于圣人的层次，通过努力可以实现。君子人格是数千年来中国人的共同理想——人人都想做君子，没有人肯做小人，这就是君子人格在中国人道德价值观念中的深刻影响。

君子，顾名思义是君之子，是对上层统治者的统称。《国语》上说"君子务治，小人务力"，君子从事管理，而小人从事体力劳动，这是君子与小人的原始意义。春秋时期君子被赋予了道德色彩，有道德的人叫君子，反之叫小人。

孔子特别推崇君子的人格风范，他认为君子首先是内外兼修的人。"文质彬彬，然后君子"，朴实超过文采就显得粗野，文采超过朴实就显得虚浮，君子应该在内心和外在之间取得美妙的平衡。其次，君子既是学习典范又是自律模范。"君子博学于文，约之于礼"，君子应当拥有渊博的知识，还应该自觉地用礼来约束自己。总之，君子是有仁德有爱心的人；是模范遵守社会规则的人；还是勤奋好学具有渊博学识的人。

孔子提倡仁，孟子崇尚义。孔子眼中的君子具有仁的品德，用礼来自觉地约束自己；而孟子眼中的君子则是具有舍生取义操守的人，更多来自于内心的自觉追求，孟子在对君子人格的阐述上，比孔子更为系统。

如何才能成为君子

孟子很害怕人类沦落到与禽兽为伍，所以他经常说，"人之所以异于禽兽者几希，庶民去之，君子存之"。而成为君子的诀窍就是自觉保存心中的善，并且能够一生追求仁义。

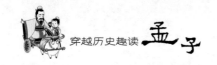

　　孟子认为君子和普通人的区别在于，君子始终装着仁者爱人之心，始终装着礼。心中有仁的人能够爱别人，心中有礼的人能尊敬别人。人与人的关系就像照镜子，你对别人以善意的微笑，别人还给你温暖的拥抱；你对别人横眉冷对，别人可能痛揍你一顿。所以，"能爱别人的人，别人也常常爱他；能尊敬别人的人，别人也常常尊敬他。"这就是君子做人之道。

　　君子不仅要爱人，还要爱物。

　　孟子说："君子对于万物爱惜它，却不用仁德对待它；对于百姓，用仁德对待他却不亲爱他。君子爱亲人，因而仁爱百姓，仁爱百姓，因而爱惜万物。"

　　孟子认为，人的仁爱之心是有限的，与墨家平等地爱世界上每一个人的博爱不同，儒家的仁爱有差等和先后顺序。在这种由近及远的爱中，用血缘关系紧密连在一起的孝悌之爱最为重要。因为，只有当你能够亲爱亲人时，才有可能推己及人地去仁爱别人；只有当你能够仁爱别人时，才有可能爱护世界万物。这种思想，到了宋代著名哲学家张载那里，被总结成"民胞物与"。张载在《西铭》中说："乾称父，坤称母；予兹藐焉，乃混然中处。故天地之塞，吾其体；天地之帅，吾其性。民，吾同胞，物，吾与也。"

　　意思是，"天是我的父亲，地是我的母亲，在宇宙中人虽然很渺小，但都是禀受天地之气而形成的，阴阳二气构成了我的身体，宇宙的规律规定了人善良的本性。天下人都是我的同胞兄弟，天地间的人和物都是我的朋友。"

与法国哲学家萨特的"他人即地狱"的冷冰冰的判断不同，中国文化从来都是温情脉脉的，在以性善论思想为核心的儒家文化看来，他人是兄弟，万物是朋友。中国文化的核心理念是追求和谐的价值，这也是现在打造"人类命运共同体"的思想渊源之一。

孟子曾经说过人生的悲哀在于，有人丢了良心不知道去追，丢了鸡却满地里去找。按照孟子的逻辑，君子肯定不会舍本求末去追鸡，因为君子善于保存心中的善性不失，即使失去了，也会想办法把善性追回来，因为他追求的是道德上的快乐。

孟子说："拥有辽阔的土地和众多的人民，是君子所希望的，但君子的乐趣不在于此。居于天下的中央，安定天下的百姓，君子以此为乐，但本性不在这儿。君子的本性不会因为人生顺畅志满意得而增加，也不会因为人生困顿而减少，因为本分已经定好的缘故。君子的本性，仁义礼智根植在心中，而表现出来的神色醇和温润，流露在脸上，充盈在肩背，流向四肢，通过举手投足，不必言语，别人一目了然。"

仁义之道可以提升气质，让君子浑身都散发着迷人的光辉，这就是道德之美。君子通过对仁义之道的深刻把握，达到心安理得、自得其乐的境界，这种境界让君子能够获得人

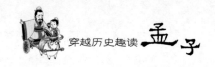

格上的独立，无论做人还是做事，都能随心所欲左右逢源。

孟子说："君子要达到高深的造诣，进入精深的境界，必须采取正确的方法，从而达到心安理得自得其乐的境界。只有心安理得自得其乐，才能够掌握牢固、积累深厚；积累得深厚，运用起来就能够左右逢源。"

儒家哲学是"为己之学"，认为在道德修养上从来就没有"救世主和神仙皇帝"，一切都要靠自己。"君子求诸己"而"小人求诸人"，君子从来都是到自己内心去寻找仁义，小人则总是要求别人——事情成了功劳是自己的，事有不济责任是别人的。孟子认为一个有为的人，是一个挺立起自我道德的人；一个真正的君子应该在道的追求上不断完善深造自己，从而达到"欲其自得"的自由境界。

人生的三大快乐

世界上快乐的事情很多，有人认为是高官厚禄，有人认为是鲜衣怒马；世界上的忧患也有很多，有人为无法实现理想而痛苦，有人因困顿不堪而忧伤。在君子看来，上面所说的快乐只是世俗的快乐，就像一阵风，来得快去得也快，无法获得永久的快乐。那么，什么才是永恒的快乐呢？

孟子认为，君子真正的快乐是以亲情为乐，以心安理得为乐，以教书育人传播文明为乐，这些快乐都来自于内心的自我追求和完善，是操之在我、求之在我的。努力追求并按照仁义之道去践行，快乐就会如约而至，而统一天下那样盛大的功业，是外部世俗的追求，这些是充满偶然性的"命"，即使孜孜以求也未必能够得到。

快乐和忧患像一对孪生兄弟，忧患总是伴着快乐而来。那么君子的忧患是什么呢？

"君子有长久的忧虑，但却没有突发的痛苦。君子忧虑的是：舜是人，我也是人。舜为天下榜样名传后世，而我还是个普通人，这才是忧愁的事情。忧愁又怎么办呢？像舜一样去做就是了。至于君子别的痛苦就没有了。不是仁爱的事不做，不合礼节的事不做。即使一旦有意外的祸事或后患发生，君子也不会觉得痛苦。"

在孟子看来，世俗之人常常斤斤计较于功名利禄、穷通贫富，从而患得患失心生烦恼；而君子则忧道不忧贫，他担心达不到舜那样圆满的道德，成不了舜那样的圣人，这才是君子一生的忧虑。

人生在世没有人会始终幸福，祸患总会降临，就像四季轮回一样自然。但对君子来说，有些祸患不召自至，与道德无关，于良心无欠，面对祸患君子总能处之泰然。

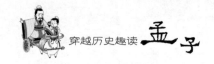

"贱丈夫"与"齐良人"

孟子辞职离开齐国时，齐宣王表示可以给他年薪一万，留下来好好做朋友。孟子说你以为我到齐国来是为了发财？如果是那样，我辞掉十万年薪而接受一万年薪，你以为我傻啊。孟子又讲了个意味深长的故事。

"古代市场交易是以有换无，由相关部门管理。却有一个卑鄙的男人，一定要找个独立的高地站上去，左边望望右边瞅瞅，恨不得把全市场的赚头都由他一人捞去。别人都觉得这人卑鄙，因此向他征税。向商人征税就此开始了。"

表面上，孟子说税收制度从这个"贱丈夫"开始，其实是说所有垄断政治和社会资源的人，都是"贱丈夫"，而自己是不会把权力财富放在眼里，去做那个"贱丈夫"的。

孟子鄙视的人中，还有更为虚伪庸俗可笑的"齐良人"。

有个齐国人，家里娶了大老婆和小老婆。丈夫每次外出，一定酒足饭饱后才回家。大老婆问跟他一道吃喝的是些什么人，他说全是有钱有势的人。大老婆便告诉小老婆说，丈夫外出总是饭饱酒醉才回来；问他同什么人吃喝，他说全是有钱有势的人。但我从来没见过什么显贵人物到我们家来。我准备偷偷地看他究竟到什么地方。第二天清早起来，她便悄悄尾随在丈夫后面，走遍京城中，没见一个人站住同她丈夫说话的。那齐人最后走往东城外的墓地，又走向祭扫坟墓的人，讨些残菜剩饭；不够，又东张西望地跑到别处乞讨，这便是他酒足饭饱的办法。大老婆回到家里，把这情况告诉小老婆，她说，丈夫是我们仰望并终身依靠的人，现在竟然是乞讨祭品的乞丐！便与小老婆一道咒骂丈夫，在庭院中相对而泣。但她丈夫不知道，满面春风地从外面回来，向两个女人摆威风。在君子看来，有些人追求升官发财，不让他们的大、小老婆认为羞耻并相对哭泣的，真少啦！

孟子的原意是讽刺那个时代不择手段去奔走于诸侯之门，求升官发财的人，他们表面上鲜衣怒马冠冕堂皇，暗地里却行径卑劣干着衣冠禽兽的勾当。

孟子看不起那些一心求财的人，他把这样的人叫作"贱丈夫"；孟子特别鄙视那些庸碌无能，贪图口腹之欲，不以为耻反以为荣的人，这样的人叫"齐良人"。而我们今天把喜欢吃喝的人叫"吃货"，隐约有些欣羡的意思，但以孟子的脾气，一看见那些碌碌无为只知道吃喝玩乐的人，就会怒发冲冠头顶炸毛，孟子把这些人称作"饮食之人"，说"饮食之人则人贱之矣，为其养小而失大也"。所以说"齐良人"是贱人之中的极品。

为什么只知道追求财富利禄吃喝玩乐就是"贱丈夫"、"齐良人"呢？这来源于孟子的"大体"和"小体"的理论。

孟子认为人的耳朵眼睛等器官是小体，不会思考因而会

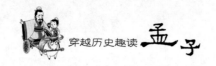

被蒙蔽，一旦接触外物，容易被引入歧途。心是大体，会思考，思考就会得到答案，不会思考的就得不到答案。这是上天赐予我们的特殊能力。所以人生的首要任务是把心端正起来，人生就不会误入歧途了。因此，人生之道就在于"先立乎其大"，挺立端正"大体"，不让声色犬马、口腹之欲这些"小体"占据内心。因此大人和小人的差异，其实就是养"大体"还是养"小体"的区别。

孟子提醒人们，心是人类的主宰，我们应该对心灵给予足够的重视，而对耳目口腹欲望保持充分警惕。梁启超先生则认为，孟子教人提高道德修养的核心精神就是两句话——"先立乎其大者，则其小者不能夺也。"因为，先立心，心大了，天地就宽了。

纵横家与妾妇之道

"贱丈夫"和"齐良人"都是丢掉了"大体"而去追求"小体"的人，孟子很看不起。但"贱丈夫"和"齐良人"毕竟属于普通人，而在社会的评价中，那些"朝为田舍郎，暮登天子堂"，一夕之间登上人生巅峰的纵横家们，才是人生的真正赢家。他们或"合纵"，或"连横"，靠三寸不烂之舌获得荣华富贵。孟子的弟子景春，就很崇拜那些纵横家，认为他们是顶天立地的大丈夫。

景春说："公孙衍和张仪难道不是真正的大丈夫吗？一发怒，诸侯就害怕；一安静，天下的争斗就停止。"在景春看来，纵横家能影响诸侯的决策，带来天下的安定，像公孙衍、张仪这样的人，才是顶天立地的英雄和大丈夫。孟子则不这样看。

孟子说："这怎么能算大丈夫呢？你没有学习过礼吗？男子举行加冠礼时父亲给予训导；女子出嫁母亲给予训导，送到门口告诫她说，'到了你家里，必须恭敬谨慎，不要违背丈夫。'以顺从作为准则的，这是妇人之道。"

孟子可真是一个"毒舌"，竟然把人们景仰的公孙衍、张仪这样的纵横家，说成是低眉顺眼的小媳妇，这也体现了同为说客的孟子的与众不同。

公孙衍是"合纵"战略的创始人。他有个很奇怪的名字叫犀首，就是犀牛角的意思，所以你可以叫他公孙犀牛。也有人说这是官名，因为犀牛角珍贵无比，所以用犀首来代表除君主之外的最大的官。确实如此，公孙衍是魏国人，先是在魏国做大官，后来跑到秦国做"大良造"，成为秦国最高军事长官，率领秦军把魏国打得满地找牙。公孙衍在秦国失势后又跑到魏国做将军，在魏国干得不爽，再次跑到韩国做宰相，多次组织魏、赵、韩、燕、楚等国家形成"合纵"联盟，共同抗秦，成为战国时期"合纵"战略的首创者。

而张仪仿佛就是为了搞定公孙衍而生的，他们注定是一

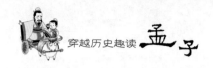
辈子的敌人。张仪年轻时很穷，靠替人抄书为生，遇到好词好句，就抄在手上或腿上，搞的像个纹身的小混混，回到家再把这些句子抄写在竹板上。经过艰苦的学习，终于成为战国时期著名的纵横家。为破坏公孙衍的"合纵"之术，首创了"连横"战略。张仪出使游说各诸侯国，以"横"破"纵"，在他的游说下，各国翻脸比翻书还快，纷纷由合纵抗秦转变为连横亲秦。

公孙衍和张仪的成就不可谓不大，在列国纷争的局势下，他们纵横捭阖影响各国政局；他们的行事方式不可谓不活，奔走游说摇唇鼓舌，随机应变、投其所好、朝秦暮楚而事无定主，以自己的政治利益绑架天下的利益，将天下玩弄于股掌之间。但就是这么牛的人，孟子却一声冷笑，把他们比作是"以顺为正"的"妾妇之道"。因为他们在"大道"与"大势"的取舍中，选择了"势"丢掉了"道"，丧失了人格的独立和尊严，为一己之私利，百般讨好、顺从君主的意愿，用孟子的话说，就是"从其小者为小人"，同样不是大丈夫。

大丈夫的"三不"标准

孟子说"贱丈夫""齐良人"不能算大丈夫，连公孙衍、张仪那样的"纵横家"也不能算，那么他眼中的大丈夫是怎样的人呢？

《谷梁传》说，"男子二十而冠，冠而列丈夫"。而《礼记》规定，"冠而字之，成人之道也"。古代男孩二十岁要加冠、取字，标志正式进入成人行列。成人不仅仅是年龄的概念，更多是指进入成人行列，应该修养道德，履行成人的义务。所以，孟子认为真正的大丈夫，应该是居于仁立于礼行于义，以天下为怀，矢志不渝追求大道，以身殉道舍生取义的人。

孟子认为，真正的大丈夫应该居住在天下最宽广的住宅——"仁"里，站立在天下最正确的位置——"礼"上，行走在天下最宽广的道路——"义"上。也就是说，大丈夫应该是"仁"充盈于内心，礼义是他的行事方式。能实现个人理想时，就同人民一起走这条正道；理想受挫时，就一个人走正道。真正的君子，不应该被外界环境所迷惑和影响，富贵不能迷乱他的思想，贫贱不能改变他的操守，威武不能压服他的意志，这才叫作大丈夫！

孟子提出了人生中最容易遇到的三种挑战，分别是"富贵""贫贱""威武"。人处贫贱易慕富贵而变其节操；处富贵又容易沉溺欲望之中而不能自拔；在"威武"面前，许多人往往屈服变节苟全性命于乱世。所以，孟子认为，只有闯过"富贵""贫贱"和"威武"三关的人，才是大丈夫。"贱丈夫"和"齐良人"在富贵和贫贱面前败下阵来，"纵横家"在威武面前不能保持独立人格，所以他们不是真正的大丈夫。

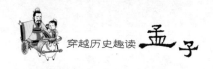

穷则独善其身，达则兼济天下

人生无非顺境逆境，有人身处顺境则志满意得而得意忘形，身处逆境则一蹶不振而自暴自弃，得意与失意全然以个人功名富贵能否实现为标准。在孟子眼里，这和"贱丈夫""齐良人"与"纵横家"毫无二致，而真正的大丈夫，应该是心怀家国天下，无论得意失意，都能坚守内心的善、行天下大道的人。

宋勾践是喜欢游说诸侯的纵横家，孟子认为有责任告诉

他什么是真正的游说之道。

孟子对宋勾践说："你喜欢游说各国的君主吗？我告诉你真正的游说之道：别人理解也自得其乐；别人不理解也自得其乐。"

宋勾践问："怎样才能自得其乐呢？"

孟子说："尊崇德喜爱义，就可以自得其乐了。所以士人穷困时不失去义；得意时不离开道。穷困时不失仁，所以自得其乐；显达时不背离道德，所以百姓不致失望。古代的人，得志时恩惠施于百姓；不得志时修养自身以显现于世。穷困时独善其身，显达时兼善天下"。

孟子告诉我们，真正的大丈夫困顿不堪时，失意而不失志；飞黄腾达时，把天下的兴衰忧乐担在肩上，做一个"铁肩担道义"有家国情怀的人。用著名思想家顾炎武的话说，就是做"拯斯民于涂炭，为万世开太平"，"天下兴亡匹夫有责"，具有担当精神的人。

"大丈夫"要有独立人格

孟子说人有"大体""小体"之分，做个堂堂正正的人，要"先立乎其大"。"立乎其大"就是要遵循内心的声音而存善养善，而不是让食色利欲这些"小体"占据心灵。做个大丈夫，锻炼出八块腹肌没用，最重要的是体察内心的

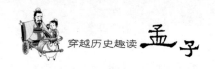

"大"，按照良心本心做事。所以，他告诉弟子说，"养其小者为小人，养其大者为大人"，能够"先立乎其大""养其大"的人，就是大丈夫。

大丈夫能先立乎其大，也就意味着要有独立的意志和判断，而不是鹦鹉学舌般人云亦云。孔子说，"三军可夺帅，匹夫不可夺志也"，暴力可以夺去三军的主帅，却不能夺去男子汉的意志。和孔子一样，孟子特别强调大丈夫要保持独立的意志，决不放弃自己的立场而委曲求全。

孟子说："向诸侯进言，要藐视他，不要把显赫地位和权势放在眼里。哪怕他殿堂的台阶两三丈高，屋檐好几尺宽，如果我得志，并不屑于这些；哪怕佳肴满桌，姬妾几百，如果我得志，并不屑于这些；哪怕饮酒作乐，驰驱打猎，随从车子上千辆，如果我得志，并不屑于这些。他所干的，我都不屑于干；我所干的，都符合古代制度。我为什么要怕他呢？"

孟子的游说生涯很不得意，主要是他独立的人格意识与君主们格格不入。诸侯们拥有的权势，孟子看不上眼；孟子所追求的大道，诸侯又没有。孟子在游说中始终保持了一种高高在上的道德优越感，这也是他游说失败的主要原因。如果孟子可以稍微委曲求全的话，以他的滔滔雄辩，哪个诸侯不被他说得心服口服？因此，弟子们往往劝他放下架子，不妨迎合诸侯搞"曲线救国"，以实现人生理想。

陈代认为孟子整天端架子很傲骄的样子，不主动去面见诸侯，"您不愿谒见诸侯，似乎只是拘泥于小节吧，如果现在谒见诸侯，大则凭借他们推行仁政统一天下，小则可以改变局面称霸天下。何况《志》上说：'委曲一尺却能伸直八尺'，好像可以干一干。"

弟子陈代认为，委曲自己不要紧，能获得大利益就行。而孟子恰恰认为头可断血可流，独立意志不能丢，哪怕是滔天富贵、翻手云覆手雨的权势。

孟子说："从前齐景公打猎，用有羽毛装饰的旌旗召唤猎场管理员，（按照礼的规定，召唤这个小吏一定得用皮帽子）管理员不来，景公要杀他。志士坚守节操不怕死无葬身之地，勇士见义而为不怕掉脑袋。孔子欣赏他哪一点呢？不是自己应该接受的召唤之礼，他就不去。如果我不等诸侯的招聘便去，那算什么呢？而且所谓委曲一尺可以伸直八尺，是根据利益来说的。如果只讲利益，那么假使委曲了八尺，所伸直的只有一尺，也有些利益，也可以去干么？"孟子很明确，人做事的底线是"义"，要"有所为有所不为"，人要做自己应该做的事，决不能违背自己的意志做事，哪怕是滚滚红尘中声色犬马的诱惑，哪怕是一人之下万人之上的权势。

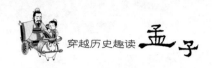

什么是真正的大勇

　　孟子很欣赏虞人的勇敢和独立意志，不该做的就不做，哪怕珠玉在侧美人在怀也毫不动心，哪怕强权压顶也毫不畏惧。这才是大丈夫应该保持的独立气节，这就是大勇。而大勇要靠"义"的滋养才能生发出来，所有不以义为标准的勇，都是匹夫好勇斗狠的"小勇"。

　　"齐国勇士北宫黝，锻炼勇气的方法是肌肤被刺而不躲闪、眼睛被戳都不眨一眨。别人对他有一点点侵犯，在他看来都像是在大庭广众下用鞭子抽他一样，不能忍受。对于侮辱，无论是来自卑贱的人，还是来自大国的君主，他一概不容忍。在他看来，刺杀一位大国的君主，跟刺杀一个穿粗布衣服的卑贱的人，没有什么两样。对于诸侯，他毫不惧怕，挨了骂就一定回击。"

　　"孟施舍培养勇气的方法与此不同。他说，我对待不能战胜的敌人，跟对待足以战胜的敌人一样。如果先估计敌人的力量然后才敢前进，在确定能够取胜的情况下才敢与敌人交锋，这种人遇到数量众多的敌军一定会害怕的。我怎么可能每战必胜呢？只不过是能够无所畏惧而已。孟施舍跟曾子类似，北宫黝跟子夏类似。这两个人的勇气谁更强一些，我也不知道，但是孟施舍的方法比较简便。"

"从前，曾子对子襄说，你希望勇敢吗？我曾从孔子那里听到关于大勇的理论：如果反躬自省，觉得正义不在我这一边，那么即使对方是一个卑贱的人，我也不会去恐吓他。如果反躬自省，觉得正义的确在我这一边，那么对方纵然有千军万马，我也会勇往直前。"

孟子比较了三个勇士的勇。北宫黝属于那种别人一惹他就炸毛的那种，管你是诸侯还是百姓，一概砍死；孟施舍属于那种不把任何人、任何危险放在眼里，保持大无畏的勇气一往无前的愣头青。在孟子看来，这都不是大勇，仅仅是街头混混的匹夫之勇。而真正的勇是曾子的勇，这种勇来自于"义"，不是出于正义的，即使是手无缚鸡之力的普通人也不去欺负；如果是出于正义的，即使面对千军万马也要毫不畏惧地冲上去！这样的"大勇"，并非血气之勇，而是基于对本心的体认，是由义而得。所以义是检验大勇小勇的唯一标准。

孟子欣赏曾子的"虽千万人，我吾往矣"的英雄气魄，他也像曾子一样，如孤胆英雄般，在争权夺利以利为上的战国，在无人喝彩的凄风冷雨中，为了仁政和王道理想而上下求索无惧无畏，无论遇到什么困难和挫折，孟子都会"虽千万人，吾往矣"。

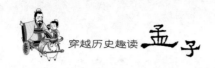
◎◎ "大丈夫"是如何炼成的

安乐窝里出不了大丈夫，就像孙悟空经历过太上老君炼丹炉和取经途中九九八十一难的磨练，才能成为斗战胜佛一样。孟子认为，大丈夫必须要经历过身心与灵魂的艰苦磨练，而挫折与失败可能是走向人生成功的催化剂。

"舜于田野耕作中为尧所发现，继承帝位。傅说曾经是个'劳改犯'，被武丁发现，从筑城的劳役者之间选拔出来为相。胶鬲曾经是个鱼盐贩子，周文王把他举荐给纣，后辅佐周武王。管仲当年辅佐公子纠和齐桓公争夺君位，还一箭射中齐桓公的腰带。公子纠失败后，管仲随他一起逃到鲁国，齐桓公知道他贤能，所以要求鲁君把管仲押回自己处理。当狱官押管仲回国后，齐桓公就起用管仲为宰相。孙叔敖是春秋时楚国的隐士，隐居海边，被楚王发现后任为令尹。百里奚流落在楚国为奴，秦穆公用五张羊皮把他赎回任宰相，可以说是从市场上买回来的。这都是在苦难中奋起，成就辉煌的大丈夫。"

孟子一口气举了很多例子，这些古代的贤人，都是从最艰难困苦的环境中，克服了常人难以忍受的苦难，而走向成就大丈夫的道路。

孟子得出结论，"所以上天要把重任降临在某人的身上，一定先要使他心意苦恼，筋骨劳累，使他忍饥挨饿，身体空虚乏力，使他的每一行动都不如意，这样来激励他的心志，使他性情坚忍，增加他所不具备的能力。"

"一个人常会犯错，然后才能改正；心意困苦思虑阻塞，然后才能奋发；别人愤怒表现在脸色上，怨恨吐发在言语中，然后你就会知道。一个国家，如果在国内没有坚守法度的大臣和足以辅佐君王的贤士，在国外没有与之匹敌的邻国和来自外国的祸患，就常常会有覆灭的危险。"

"这样，就知道忧愁祸患使人奋起而生存，安逸享乐足以使人灭亡的道理了。"

孟子说："人之所以能掌握规律，有理解能力、权术和知识，常常是心里存在着灾患的缘故。只有那些不得重用的臣子和地位低微的庶民，有强烈的危机意识，所以他们能发达。"所以，"生于忧患死于安乐"，是颠扑不破的真理。

"艰难困苦玉汝于成"，人要不对自己狠一点，社会就会对你狠一点。人就像弹簧，被压得越紧，就应该有跳得越高的狠劲，所以苦难是人生最好的大学。与在逆境中奋然挺立永不放弃的大丈夫相比，还有遇到困难就瘫软的自暴自弃者。

孟子认为大丈夫要遵循内心的善，居仁由义，决不能放弃人生善的原则，自己不想行善或认为不能行善，放弃了主观努力，这种人就是自暴自弃者。而对于自暴自弃者，孟子

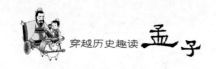

相当鄙视，甚至不想同他说话。"戕害自己的人，不可能同他有什么话说；抛弃自己的人，不可能同他有所作为。说话诋毁礼义，这叫戕害自己；自认为不能守仁行义，这叫抛弃自己。"

孟子始终认为，保存良心本心自我修炼的人是大丈夫；放弃了自我追求和努力的人是自暴自弃的"贱丈夫"，对于"贱丈夫"，孟子连话都不愿意和他讲，扭过头翻白眼鄙夷之。

主要看气质

孟子性格耿直，是个有棱有角有守有为的大丈夫。在弟子看来，孟子的优点和缺点同样鲜明。他脾气大学问高，善辩论口才好，讲道德有担当，孜孜不倦劝人向善。在游说诸侯时，一脸大写的不服一身的傲娇。这都是那些"以顺为正"、奉行"妾妇之道"的纵横家无法比肩的。他身上有一种凛然不可侵犯的气质，用今天的话说就是很高冷，用孟子自己的话说，就是有一种"浩然之气"。

孟子很重视气质的养成。战国时期是看"武力值"和"智力值"的时代，不是看脸的时代，所以好气质不是穿一身名牌，也不是长得好看，更不是晋国智伯那样自以为好看的自恋，而是内心充盈着良好的道德修养，自然而然地在人身上体现出来的精神状态。孟子喜欢看人的眼睛，他认为，一个人的精神气质在眼睛上显露无遗。

孟子说，"观察一个人，再没有比看他眼睛更好的了。眼睛无法掩盖一个人的丑恶。心中光明正大眼睛就明亮；心中阴暗眼睛就躲躲闪闪。听一个人说话的时候，注意观察他的眼睛，善恶真伪能往哪里隐藏呢？"

眼睛是心灵的窗户，一个人行得正立得直，不需戴"美瞳"，眼睛自然明亮；而一个人内心不正，他的目光就会躲躲闪闪。孟子还认为，一个人身上充满正义之气，从他身体四肢上就能自然而然的生发出来，根本不要刻意表现，这叫作"不言而喻"。

孟子的意思是说，看人主要看气质，气质从何而来？苏东坡说"腹有诗书气自华"，而孟子则认为，气质来自于心中以仁义礼智为内涵的"浩然之气"。

我骄傲，我善养浩然之气

弟子公孙丑问孟子有什么特长，孟子骄傲地回答，他最擅长的是"养吾浩然之气"。

公孙丑问："请问先生擅长什么呢？"

孟子说："我特别擅长分析别人的言辞，善于培养浩然之气。"

公孙丑问："那什么是浩然之气？"

孟子说："这难以说得明白。那种气，最宏大最刚强，

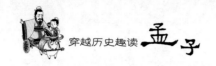
用正义去培养它，一点不加伤害，就上下四方无所不在。这种气，必须是义和道配合；缺乏它，就没有力量了。这种气，是由正义在内心长期积累而形成的，不是通过偶然的正义行为得到的。只要做一件于心有愧的事，它就疲软了。所以我说，告子不懂得义，是因为他把义看成心外之物。养浩然之气，一定要时时刻刻记住它；但不要有特定目的；时时刻刻记住它，但也不能违背规律地帮助它成长。不要像宋人那样：宋国有个人担心他的禾苗长得不快，就把禾苗拔起来帮助它成长。他疲倦地回到家，对家人说：'今天我累死了，我帮助禾苗长高了。'他儿子跑到地里去看，禾苗都干枯了。其实天下人不犯这种拔苗助长错误的是很少的。认为养护庄稼没有用处而不去管它们的，就是种庄稼不除草的懒汉；违背规律帮助庄稼生长的，就是拔苗助长的人。这样做不仅没有益处，反而害死了庄稼。"

"浩然之气"是孟子的天才发明，也是他思想中最为光彩夺目的部分。在孟子看来，"浩然之气"难以用语言说清楚。"浩然之气"根源于人内心的善，但它不是先天就有的，这就是说，人天生有善端但未必能养成"浩然之气"。只有经过后天持之以恒地培养，在义与道的加持下，才能培养出凛然于世间、至大至刚的天地正气。说到底，"浩然之气"是人的一种崇高的道德精神力量。

那么如何才能炼出"浩然之气"呢？

孟子给了我们四条方法。第一，"以直养而无害""配义与道"。"浩然之气"只能生活在正义的环境中，养"浩然之气"，需要遵循正义和大道，使"浩然之气"不受伤害，它才能生长壮大起来。第二，"浩然之气"是在长期坚持做正义之事的过程中积聚起来的，偶尔做了件好事而不能长期坚持，"浩然之气"也无法生长，因为它是"集义所生，非义袭而取之"。第三，养"浩然之气"，就不能做亏心事。要是做了亏心事、坏事、丑事，"浩然之气"就会立马消失得无影无踪。所以，孟子一直主张，做人要"仰不愧于天，俯不怍于人"，这样才能理直气壮勇敢无畏。因为人性本善，哪怕是罪大恶极穷凶极恶之人，要是做了坏事，内心也会有良心不安的感觉，良心不安，浩然之气就会消失不见。第四是不能急于求成拔苗助长。"浩然之气"的形成，是个长期积累的过程，出自一个人的自觉自愿、自然而然的行为，不能带有任何功利目的，不能急功近利拔苗助长。就像宋国人拔苗助长一样，违背了道德养成的规律，不但无益反而有害。

舍生取义

有了"浩然之气"，就能成为一个顶天立地的大丈夫。而孟子认为，大丈夫的最高境界是"舍生取义"，在道义与生命之间，义无反顾地选择前者舍弃后者。孔子说过，"志

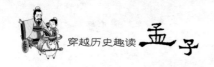

士仁人，无求生以害仁，有杀身以成仁"，一个仁人志士，为了成全仁德，就不能苟且偷生以危害仁义，应该以生命维护仁德。孟子强化了孔子的"杀身成仁"的思想，他旗帜鲜明地提出了"舍生取义"的思想。

在食物中，熊掌比鱼珍贵；在人生中，正义比生命珍贵。"大丈夫"在道义和生命不能兼顾的情况下，就选择道义而舍弃生命。"大丈夫"的最高境界是杀身成仁舍生取义，这是儒家以义为上生命价值观的生动体现。

孟子的"浩然之气"和"大丈夫"人格理论，深刻影响了中国知识分子的心理，成为中国精神、中国气派的一个熠熠闪光的部分。读懂了"浩然之气"，就读懂了孟子；读懂了"大丈夫"，就读懂了历史上范仲淹、文天祥、顾炎武等一大批为了国家和民族的正义事业抛头颅洒热血的仁人志士；读懂了"杀身成仁"、"舍生取义"，就读懂了中国，就能切身感受到在这片伟大的土地上，蕴藏着的伟大的民族精神，以及实现中华民族伟大复兴中国梦的澎湃动力。

第十一章

性命之道

　　中国人喜欢讲"命里有时终须有，命里无时莫强求"，把命运看作一种制衡人的外在异己力量。人如何对待命运，关系到孟子"人皆可以为尧舜"的理论是否正确。因为，如果一切都是命中注定的话，人将在何处安身呢？孟子必须树立一种新观念，让人们正确地对待命运。于是，孟子天才地提出了"性"与"命"的概念。

　　人的追求有内外之别，内在于心的叫"性"，外在于身的叫"命"。"性"是努力就能得到"求之在己"的，"命"是虽努力但不一定得到而无法把握的。因此，人生正确的态度是，"求之有道，得之有命"。

　　孟子的"性命"之说，实际上深刻地反映了儒家的重要观念——承认命运的存在，但又不臣服于迷信于命运。就像孔子一样，知其不可为而为之，不管成不成先干了再说。

　　孟子主张人在命运面前要先"顺受其正"，承认命运的制约；但人不能甘心做命运的奴隶，而要坚持到底再淡然等

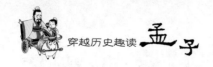

待命运而无怨无悔。这就是孟子的安身立命之道，也是中国人的价值追求。安身就是修养身心道德，立命就是在命运面前挺直脊梁，做个堂堂正正的君子和大丈夫，实现人生的价值。

性命之别

在与孟子关于人性的辩论中，告子以惨败收场。但这并不证明告子的理论是错误的，只是说明孟子的雄辩而已。告子认为，人性是"食色性也"的本能，是吃饱穿暖的需求，是种族繁衍的冲动，无所谓是非对错善恶美丑，这是抓住了人自然属性的一面。

在孟子看来，要承认告子的观点，就等于承认人等同于禽兽。因此孟子强烈反对告子的理论，认为如果人仅有饮食和生殖冲动，就是把人等同于禽兽。孟子认为人性具有天生的"善端"，有"恻隐、羞恶、辞让、是非"等四心。人的本性绝不是吃喝拉撒而是早已经存在于内心的善端。

孟子认为，如果按照告子的理论，人和动物就毫无二致，境界低下品格庸俗，没有触及到灵魂。因此，孟子给告子所说的"性"，起了新名字叫"命"。而君子明白了性命之别，就懂得了有所为有所不为，就能远离禽兽走向圣人之境。

孟子说："口舌对于美味，眼睛对于美色，耳朵对于好听的声音，鼻子对于芬芳的气味，手足四肢喜欢安逸舒服，这些爱好都是天性，但能否得到却属于命运，君子不认为它们是天性的必然，因此不去强求。仁在父子之间，义在君臣之间，礼在宾主之间，智慧对于贤者，圣人对于天道，能够实现与否，属于命运，但也是天性的必然，所以君子不称它们是命运，因此要努力地顺从天性，以求实现。"

孟子把人性分成两个层次，一种是耳目口腹之欲，是对美食美色、安逸生活的向往；一种是对仁义礼智等道德的追求。在孟子看来，这是命也是性。但孟子认为，口腹之欲和仁义道德又有细微的差别。在孟子看来，人的口腹之欲属于命，是外在于自身的；而仁义礼智等道德观念才真正是内在于自身的本性。人的内在追求和外在需求不同，得到的难度也不一样。

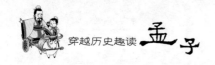

孟子说："有些东西探求就能得到，放弃便会失掉，这种追求容易得到，因为所求的东西就在我自身。追求有一定的方法，能否得到却决定于命运，这种追求无益于得到，因为所求的东西是身外之物。"

仁义礼智等道德价值，是内在于人的自身的，你努力追求就能够得到，从而成就道德的圆满；而钟鸣鼎食功名利禄，是外在于人的，受到外在环境的限制，属于命，而命充满了不确定性，你穷极一生孜孜追求，到头来有可能落下个"白茫茫大地一片真干净"，除了一副臭皮囊一无所有。

孟子是讲人格境界的哲学家。他告诉我们，生而为人应该有更高的道德追求，上天已经给我们准备了善的种子，我们只要好好地养护并"扩而充之"，就能成就道德，从而成为尧舜那样的人。而那些功名富贵本来就是身外之物，得到与否自身无法决定，就像镜月水花纵然很美，但一阵清风就可能无影无踪了。

一面是"求则得之"的仁义道德；一面是求未必得的功名利禄，人生应该追求什么，答案已经呼之欲出了——仁义礼智根于心，你早已经拥有，最容易得到，努力追求就是了；功名富贵外于身，得之我幸失之我不痛，人生不能苟且，更不能失去自我。

天与人的关系

中西方哲学家对天充满了好奇，但中西方哲学家思考的出发点不一样。西方哲学家有点像理科生，他们喜欢探索天的规律和奥秘；而中国哲学家像文科生，他们更喜欢把人类的命运与天联系在一起。在中国哲学家看来，思考天的问题，其实就是思考人生的问题。史学家司马迁就说他写《史记》的目的是想"究天人之际，通古今之变，成一家之言"，把探索人道与天道的奥秘作为人生的首要任务。因为在古人看来，天道就是人道，探索天道就是为人类寻找安身立命的道路。

"天"在中国古代思想中有两种主要含义。一种是浩瀚星空、日月星辰的自然之天，它独立于人类社会而客观存在。另外一种是具有道德理念和价值判断的天，它可以主宰人类的命运。这个天，在西方是万能的上帝，在中国叫"天"或"天帝"。

商朝是个巫风浓厚的时代，统治者们相信天帝偏爱他们，给了他们人间天子的位子，并保佑江山永固。事实上，天帝并没有给他们面子，在周朝军队兵临城下时，商纣王还认为天帝会保佑他，而结局是自焚而死。以弱胜强的周朝统治者认识到，原来天是有道德意识和价值判断的，商纣王无道无德，天剥夺了他的君位；而周文王、武王有道有德，受到上天的眷顾，保佑他们顺利打败了商朝建立周朝。天帝就像一

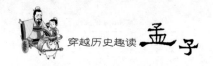

个道德法官，地下的统治者有德就支持，反之就罢黜。所以，统治者一定要有德配天才行。从这个意义上来说，具有道德判断的天是人类命运的主宰。

孔子说"生死有命富贵在天"，认为每个人都有命，命是一种能决定人的生死寿夭、富贵贫贱、吉凶祸福的外在力量，而掌握人类命运总开关的是天。因此，我们每个人都受命于天，命由天赋。但孔子认为天命与人命是有区别的，天命是自然而然的，人命是奋发图强的。理解了天命与人命的关系，就懂得了孔子一生为何要"知其不可为而为之"，生命不息奋斗不止。

孔子相信天命，所以他一直强调"不知命无以为君子"。对孔子来说，传播仁义恢复周礼建立大同世界是天命，而个人事业的兴衰成败则是人命。在十多年的游说生涯中，孔子处处碰壁时时吃瘪"道不能行"，再努力也无法改变当时"礼崩乐坏"的局面。孔子给失败找了个绝佳的理由——原来天命和人命是不同的。他把自己的人生使命看成是天命而归之于天，而把自己个人事业的成败归之于命。所以孔子说"道之将行也与，命也；道之将废也与，命也"。

孔子说"五十知天命"，人要明确、承担起人生使命；另一方面，君子也必须明白，人生在世有许多美好的愿望并不一定能实现，这与努力无关，而与命运有关。在孔子看来，一个人的力量再勇猛、强大，总有"无可奈何花落去"的时候。

我们拼尽全力做一件事，但最终可能不尽人意。人生的得失成败在很大程度上并非人力能够决定，而是很多外在因素互相作用的结果。行事虽然在个人，但结果却在命，这就是中国文化中"谋事在人成事在天"的思想。

但孔子要是一味地匍匐在命运的脚下而无所作为的话，那他就不叫孔子而叫懒汉了。孔子极具挑战性格，他想挑战命运的底线——要想知道自己的命运如何，先完善提升自己再说。孔子"知其不可为而为之"，"发愤忘食，乐以忘忧，不知老之将至"。他怀着强烈的使命感和责任感，传播仁学梦想恢复周礼追求天下大同，最终成为儒家学派的开创者，成为中国人的心灵导师，成为影响世界的思想家。孔子用他奋斗的一生告诉我们，不努力到无能为力，没有资格奢谈命运。

道家对命运的看法和儒家不同。老子强调清静无为顺应自然，命运和天地一样，有外力无法改变的运行规律，聪明的人顺应自然和命运，只有笨蛋才会违背规律，去干那些最后证明无能为力的傻事，因为"天下本无事，庸人自扰之"。庄子更是把顺应命运的思想发挥到极致，他认为，"知其不可奈何而安之若命，德之至也"，既然明白无法改变自然和命运，那就不要白费力气，还不如淡然地守着自己的灵魂而逍遥于世。

墨家对儒家和道家对待命运的观点表示强烈反对，因为，墨家根本就不相信命运。他们宁愿相信鬼神而不相信命运的

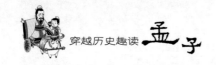

存在。墨子相信有天的存在，天根据人们的道德好坏，行使奖赏与惩罚的权力。但好强的墨子不相信命运，认为命是统治者编造出来专门骗人的谎言。如果人相信一切都是命中注定，那么干脆躺在床上混吃等死好了。因此墨子认为，人活着拼就是了，拼到天荒地老，拼到海枯石烂，拼到无能为力，拼到感动自己，拼不动也要拼，谁让你生而为人呢！

孔子的"素王"和孟子的"不遇鲁侯"

孟子与孔子一样，都是具有强烈进取精神，但能清醒认识现实的理性主义者，他们都相信有人力不可改变的命运的存在。人生在世理应积极进取，但总不能处处如意，有些事情不可强求。因为人生的事业成败，除了与个人的努力有关，还有外在环境的限制，人要是能清醒地认识到这一点，就能够在苦难和失败中处之淡然。从这个意义上来说，命运既是推动人生向前的澎湃动力源，又是人生失败时的灵魂避难所。

孟子很遗憾没有亲自接受孔子的教导，孟子也为孔子感到遗憾，孔子是圣人的"集大成者"，具有崇高的道德修养，但孔子并没有像尧舜禹一样，拥有王位。

"一个平民能拥有天下，品德修养必然像舜和禹一样，而且还要有天子的推荐，所以孔子就没能拥有天下。"

孟子认为，一个人要想拥有天下，必须具备两个条件。

一是要有崇高的道德修养；二是要有天子的推荐。孔子满足了第一个条件，但是没有天子推荐他，所以孔子没有得到天下的王位。按照孟子"性"与"命"的区分，拥有崇高的道德修养，属于内在于人的"性"，是"求则得之"的，孔子追求崇高的道德，他得到了；而有天子的推荐、获得天下的王位，是外在于自身的"命"，而"命"是"非人力之所能为"的，人在偶然的命运面前，无能为力却是一种必然。因此孔子只是一个"素王"，是具有帝王之德而无帝王之位的人。

孟子清醒地认识到，人力有时无法突破命运的限制，这让他更加理性和深刻，不至于在挫折面前茫然无措而自暴自弃，在人力无法达到的命运面前，孟子反倒获得了一种心平气和的力量。

弟子乐正克在鲁国做了大官，向鲁平公推荐了孟子。他高兴得彻夜难眠，星夜兼程赶到鲁国，准备与弟子在鲁国大展宏图，推行仁政实现王道。但是美丽的梦想往往像五彩泡沫一样易碎。鲁平公对孟子神交已久，一早上就要出门拜访孟子，但一个叫臧仓的宠臣说孟子是个不知礼的小人，不值得一见，去见孟子就会降低身份丢了面子。理由是孟子为母亲办的葬礼规模超过了他为父亲办的葬礼规模。鲁平公耳朵软，就取消了与孟子的会见。孟子知道后，既没有怒发冲冠也没有唉声叹气，而是面如秋水波澜不起。

"一个人要做一件事情，是有一种力量在驱使他；不干，

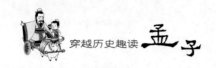

也有一种力量阻止他。干与不干，都不是人力所能及的。我不能与鲁君相见，是天意！那个叫臧仓的小人，怎么能使我们不能相见呢？"

在孟子看来，无论是孔子空有帝王之德而无帝王之位，还是他的梦想被小人臧仓破坏，这些都属于外在的机遇，是属于命的范畴，而命是人力所无能为力的。所以，学会面对失败而淡然处之，在"行至水穷处"，享受"坐看云起时"，正是对待命运的正确态度。

经过多年的风霜雪雨和漂泊流浪，孟子已经变得冷静理性了，否则以他的暴脾气，上门痛骂耳朵软的鲁平公，痛扁嚼舌头的臧仓也未可知。孟子深刻地认识到，不是所有的种子都会发芽；不是所有的梦想都能成真；不是所有的誓言都能兑现；不是所有的出发都能到达彼岸。人生不如意十之八九，在漫长的生命旅途中，会有清空朗月，也有凄风冷雨。成功了，是命运对自我努力的犒赏；失败了，是命运对我们抗压能力、拼搏指数的考验。所以，得意不必忘形，失意不要失志。人生之路，无非是跌倒了爬起来，擦干眼泪收拾行囊重新出发而已。

把自己交给奋斗，把结果交给命运

鲁侯来与不来，孟子就在那里；孟子的理想不能推行、鲁国不能实行仁政，这都是上天的旨意，这就是命。而命是人类无可奈何"非人之所能为者"的存在。

"舜、禹、益之间相去久远，他们儿子的好坏，都是天意，不是人力所能为的。没有人让他们这样做，却办到了的，都是天意。没有人叫他来，却来了的，就是命运。"

尧的儿子丹朱品行不好，尧把帝位传给了舜；恰巧舜的儿子也是不肖子孙，舜就把帝位传给了治水有功的大禹。大禹的儿子叫启，据说很贤明，禹本来是把帝位传给益的，但是人们不愿意，都跟着启，所以启就建立了夏朝而拥有了天下。禹破坏了民主禅让制，从此中国进入家天下的时代。孟子认为，尧舜的儿子品行不好能力不行，这是天意，禹的儿子贤明服众，这也是天意；益本来做了帝位，但是老百姓不服他，这还是天意。所以，孟子给天和命下了一个明确的定义：凡不是人力所能办到却办到了的，都是天意；不是人力所能招致却来到了的，就是命运。

既然命运就像一张让人无法挣脱的大网，将我们包裹其中，人类应该像一条鱼儿等着被晒成咸鱼，还是奋然跃起游进广阔的大海？人在命运面前如何挺立自己，这是孟子要思考的问题。孟子最后为我们找到了一条逻辑严密的"功法"，让我们在命运的重压之下，卓然挺立起人类的作为。

"人充分扩张善良的本心，就懂得了人的本性。懂得了本性，就懂得天命了。保持本心，修养本性，这就是对待天

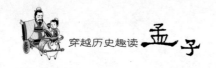

命的方法。短命也好，长寿也好，我都不三心二意，只是修养自身等待天命，这就是安身立命的方法。"

这是孟子关于"命运之学"的精彩阐述，也是儒家"身心性命"之学的核心。孟子认为，人要在命运面前真正站起来，首先要通过自省穷尽本心，本心其实就是天赋的善端，"尽其心"之后，自然可以明白自己的本性。而人的本性是上天赋予我们的，懂得了本性，就懂得天命了。保存善端，养护扩充本性，就可以达到天人合一的境界了。

孟子认为，人长寿还是短寿，不是我们要考虑的事情，我们真正要做的就是培养身心修炼道德，等待天命。天命如何，我们无法干涉，但我们可以修养好自己，做到尽心知性、存心养性。通俗地说，管他什么命运，做最好的自己就是了。把自己交给努力，把结局交给命运，这就是中国人的"安身立命"之道。

正命与非正命

孟子认为命运是人力所不可为的，这让他在数十年的游说生涯中变得更乐观理性，能够正视自己的成功与失败。因为，在命运面前，君子只要按照法度行事，就可以无怨无悔。

离开齐国时，孟子心情郁闷，本来齐国具有行仁政的优势，齐宣王看起来也是一个有恻隐之心的君主。在齐国时，孟子曾经认为自己无限接近了理想，但是事与愿违，齐宣王的大欲望是推行霸道，与王道理想背道而驰。孟子认识到待在齐国已经没有意义，带着弟子们离开齐国，准备回老家。弟子充虞问他为什么闷闷不乐，孟子则道出了他毕生的追求，他希望能平治天下，虽然在齐国失败了，但是遍观天下，有谁能像他一样，承担起拯救天下人灵魂的重任呢？

孟子是个超级自信的人——伟大的思想家都是这样，他们认为自己承担着拯救人类、净化灵魂和指引方向的使命。当年孟子在邹国出仕时，自信心爆棚，认为自己是平治天下的人，但是经历多年的游说生涯，各国君主对他不是"勃然变乎色"，就是"顾左右而言他"，没有一个真正肯实施他的仁政方略的。孟子一点都不后悔，他把自己的失败归结于天。

孟子认为，一个真正通达世事的君子，应该认识到，在人生的道路上有两种选择，一种是正命，另外一种是非正命。

孟子说："无一不是命运，但顺理而行，所接受的便是正命。所以懂得命运的人不站在有倾倒危险的墙壁之下。尽力行道而死的人所受的是正命；犯罪而死的人所受的不是正命。"

孟子天才地把人的命运之路分成两种。一种是遵循命运的正确规律行事，尽最大的责任，做最大的努力，做最好的自己，不管结局是否尽如人意，这都是符合正命的，人生可以无悔矣。而如果人违反了命运的既定趋势一意孤行，这就是"非正命"了。明知道山体可能会滑坡，房屋是危房可能

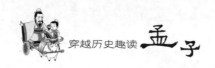

倒塌，你非要站在下面，结果死于非命，这就是"非正命"。明知道干违法犯罪的事情会被抓起来砍头，你非要去做，最后人头落地，这是"非正命"。人生的际遇和命运，无非是"正命"和"非正命"而已。所以，儒家讲君子要"知命"，就是探索命运正确的规律，而不是消极无为坐吃等死。一个人成功失败富贵贫贱，虽然有命，但做人的原则还是在自己。所以，正命就是遵守做人的法度行事，至于结果，不重要。这种思想叫"俟命"。

孟子说："尧舜行仁德是出于本性；商汤王和武王层次就稍微差一点，他们是经过道德修养返回自己本性的人。举动和仪容都合于礼，那是美德中的极点。痛哭死者而悲哀，

并不是为了给活着的人看的。按照道德行事不致违礼，并不是谋求官位。说话讲信用，并不是为了博取行为端正的好名声。君子只是按照法度行事，至于结果如何，那就要看命运如何安排了。"这就是《中庸》中那句发人深思的话，"君子居易以俟命，小人行险以徼幸。"君子能够居心平正、坦荡豁达，用符合礼义的行动敬候上天使命；小人则胆大妄为，冒险求得偶然的幸运。

孟子为什么离开齐国

孟子知道有些事情确实非人力之所能为，自己在齐国百倍的努力，换来的却是一无所成，他必须收拾行囊，离开这个曾经孕育着蓬勃希望的国家。但孟子还在幻想，万一齐宣王改变主意接受了仁政主张呢？也就是说，孟子相信不拼到最后一刻，命运不会显露真容。人类的使命就在于，努力到最后一刻，撕开命运神秘的面纱，然后把人生结局交给命运。因此，孟子打算慢慢走，等待自己的命运，等待齐宣王回心转意派人来追自己的时刻。

孟子离开齐国，有个叫尹士的人就对别人说："看不清齐王不可以成为商汤王和周武王，就是不明白世事；如果看清他不可以，但是又来了，那就是贪图富贵。老远跑来见齐王，得不到赏识又走了，在昼地住宿了三天才走，是多么想长期

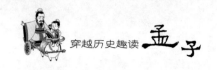

留在齐国，我最看不起的就是这种人。"

高子把这个话告诉了孟子。

孟子说："那个尹士怎么能理解我呢？不远千里来见齐王，是我的愿望！不得赏识而离开，难道是我希望的吗？只是我不得已罢了。我住了三天才离开昼地，我仍觉得快了，我就是希望齐王最后能改变主意。齐王如果改变，那就会反过来找我。而我离开昼地，齐王没有来追我，我这才想回老家的。我虽然这样做，怎么是舍弃齐王呢？如果齐王遵照任用贤能的原则，他如果使用我，我何止让齐国的百姓安居乐业？我可以让全天下的百姓都安居乐业。就是因为希望齐王能改变，我才每天盼望着。我难道是一个目光短浅的小人吗？向国君进谏而不被接受，就发怒，满脸不高兴，一旦离开，非要走得筋疲力尽不肯住脚吗？"

尹士听了孟子这番话后说："我真是个小人呀！"

尹士说对了，他真的是一个小人，他不理解孟子的命运观，没有尽到人事的努力去空谈天命，没有任何意义。因为你不知道命运给你的底线和上限在哪里，唯有努力才能触摸到命运的天际线。

顺境不疯狂，逆境不抓狂

孟子的"尽心、知性、知天、存心、养性、俟命、修身、立命"的理论，形成了中国人的"安身立命"之道。

所谓"安身"就是修养道德尽其所能；所谓"立命"，就是在命运之前卓然挺立起人类的道德和作为，用"正命"之道等待命运，用最大的努力最好的自己去迎接命运。这是一种理性的、脚踏实地的现实主义精神。在这种精神的指引下，无论何时何地，中国人总能保持一种积极进取的姿态。因为，你走得越远，命运给你的空间越大。你甘愿做一头懒驴，命运交给你的，只能是拉磨而已；你甘愿做一条水草，命运给你的，只能是随波逐流而已。

"尽人事知天命"的态度教会我们，人类毕竟是宇宙中孤独渺小的个体，总有人力达不到的边界。人不能盲目自大，夸大自我的主观力量而务求自得，也不能以命运无法改变为借口而无所作为。而应该在挫折和失败面前安之若命，以达观的心态泰然处之，不抛弃不放弃，不懊恼不丧气，不自暴不自弃，生命不息奋斗不止，尽最大的努力，做最好的自己。用王安石的话说，就是"尽吾志而不能至，可以无悔矣"。孔子的"知其不可为而为之"，诸葛亮的"鞠躬尽瘁死而后已"，就是对"尽人事知天命"思想的最好诠释。

这种精神，也深刻影响了中国人的文化心理。中华民族之所以在如黑云压城城欲摧的危亡时刻，能够奋然崛起而自立于世界民族之林，正有赖于这种精神的激励。这种理性、自立、不屈不挠的民族精神，是实现中华民族伟大复兴的精神源泉。

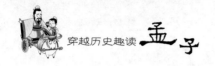
　　孟子说"生于忧患而死于安乐"，把挫折当成命运的考验，当成推动人和社会发展的重要力量。他的思想对后世影响极为深远。宋代著名哲学家张载在孟子思想的基础上，进行了精彩的发挥，他在名作《西铭》中说："富贵福禄的恩泽，是乾坤父母所赐，用以丰厚我的生活；贫贱忧戚，是用来帮助我成就一番事业的。活着的时候，我顺从人间的正道事理；死的时候，心安理得，我安宁而逝。"

　　在张载看来，"命"是上天赋予，是自强不息、厚德载物的价值本性，对此，人应该修身以俟之；而"遇"则是气质所禀，是富贵贫贱、福祸寿夭等生存境遇，对此，人应该超然待之。人生的顺境，是上天对我的恩泽；人生的困境，是上天对我的考验。只有坦然地对待生平所遇，坚持不懈地完善自己的价值本性，才能超越外在境遇对自我的困扰，达到人生的永恒安宁。

　　在中国哲学家看来，如何面对得意和失意，是人生的重大课题。真正的君子，应该是得意不忘形不疯狂，失意不失志不抓狂的人，面对无可奈何的命运，唯一可以依靠的就是自己——所有没尽到自己最大努力的人，不要去空谈命运，因为你根本没有触摸到命运的门槛。

第十二章

孟子和各学派的辩论

　　同样是儒家学说的大师，孟子与孔子的性格完全不同。孔子像个穿长衫温文尔雅的读书人，他游说诸侯时总是和风细雨，我说，你听；你不听，我等；你再不听，我走。而孟子就像一身短打威武的壮汉，我说，你得听；你不听，我换个说法让你听；你再不听，我就讽刺你。

　　孟子的思想是在和其他学派的辩论中丰满起来的。他批评杨朱学派的"极端利己主义"（杨朱是道家学派，其实并非极端利己主义者，此处出于行文的需要，请读者明察），不把君主放在眼里，是无君；他批评墨家学派的"兼爱"，撒向人间都是爱的做法，把对父母的爱淹没在对世人的爱中，就是无父。所以杨朱学派和墨家学派无君无父的主张都是禽兽。他与主张性无善无不善的告子展开了激烈的辩论，认为告子的思想是"率天下之人而祸仁义者"。他驳斥农家学派许行的思想，认为他们的学说是"乱天下也"。

　　总之，孟子把当时诸子百家中的墨家、杨朱、杂家、兵家、

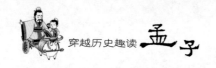

纵横家等学派大佬，全部血虐了一遍，不仅奠定了他战国时期顶级辩论家的地位，还在与各学派的互相诘难中，挺立起儒家学派的高峰。

谁说我好辩，是他们逼我出手的！

孟子是个雄辩的思想家，连当时号称辩论大师的淳于髡都是他的手下败将。弟子公都子问孟子，你为什么整天剑拔弩张和别人脸红脖子粗地辩论呢？

孟子说："我难道喜好辩论么？我是不得已啊！人类历史已经很久了，时而太平，时而混乱……现在社会混乱正道衰微，荒谬的学说和暴虐的行为随之兴起，有臣子杀君主的，有儿子杀父亲的了。孔子深为忧虑，便著述了《春秋》这部史书。写作历史，褒贬别人，这本来是天子的职权（但孔子不得已去做了）。所以孔子说：'了解我的，恐怕就在《春秋》了，责骂我的，恐怕也就在《春秋》了。'"

"圣王不出现了，诸侯肆无忌惮，在野人士乱发议论，杨朱、墨翟的言论充斥天下，世上的言论，不属于杨朱一派便属于墨翟一派。杨氏主张个人第一，就是否定对君王的尽忠，这就是目无君上；墨氏主张天下兼爱不分亲疏，是否定对父母的尽孝，就是目无父母。目无父母目无君上的人，就是禽兽。公明仪说：'厨房里有肥美的肉，马棚里有健壮的马，老百姓却面带饥色，田野上有饿死的人，这无异于率领禽兽去吃人。'杨、墨的学说不消除，孔子的学说不发扬，这就是用荒谬的学说欺骗百姓，而阻塞了仁义的道路。仁义不行，就等于率领禽兽去吃人，人们也将互相残杀。我深感忧虑，便出来捍卫古代圣人的学说，抵制杨、墨的学说，批驳错误的言论，使邪说歪理不再流行。邪说兴起在人们心中，会危害人们做的工作，工作受了危害，也就危害了政治。即使圣人再度兴起，也会同意我的观点的……我也要端正人心，消灭邪说，反对偏激的行为，批驳荒唐的言论来继承大禹、周公、孔子三位圣人的事业。难道是我喜好辩论吗？我是不得不如此。凡是能够著书立说反对杨、墨学说的人，便不愧是圣人的学生。"

原来，孟子好辩并不是为了显示其辩论才能，也不是沽名钓誉想得到别人的尊敬，他是迫不得已的，是社会环境和历史使命逼他出手的。

孟子一生以传承光大孔子思想为己任，自孔子去世之后，儒家学派一下子变成八派，大家各自为战，使儒家学派逐渐失去了显学的地位，导致儒家在战国思想市场所占的份额急剧减少，这让孟子忧心忡忡。

自春秋到战国，社会结构发生了剧烈的变化。原来以礼为中心的社会秩序被打破，赤裸裸的利益和血淋淋的掠夺成为社会的通行证。战国又是一个士人崛起的时代，始终怀抱冲破阶层天花板理想的知识分子们，再也不甘寂寞，诸子百

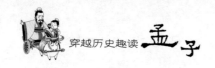

家蜂起，游说之风流行。为突出自己打击别人，各家学派互相辩难，开启了一个用舌头好勇斗狠的辩论时代。

杨朱学派强调个体自由和权利意识，提倡"拔一毛利天下而不为"，人人管好自己天下自然和谐，这种思想在那个生命如蓬草而朝不保夕的时代，相当有诱惑力。墨家学派以"兼相爱交相利"思想为核心，提倡我为人人的博爱精神，要求人们把爱撒向全世界，我爱人人，则人人爱我，这在被压迫阶层的老百姓中很受欢迎。杨朱学派和墨家学派的影响力强势上升，"天下之言，不归杨，则归墨"。但杨朱学派的"为我"和墨家学派的"兼爱"，与儒家思想"仁"的"爱有差等"的原则格格不入，在孟子看来这就是和儒家对着干，这就是找孟子的麻烦。

法家学派鼓吹征战崇尚暴力，对诸侯来说这比儒家的仁义更有吸引力。商鞅、李悝、吴起的变法，让秦国、魏国和楚国迅速强大，一时间法家身居高位风光无二。孟子反对不义战争，主张实行仁政就能天下无敌，而法家鼓吹战争，这就是故意拆孟子的台。

纵横家本身就是靠舌头吃饭的，在战国时代更是如鱼得水。他们或主张"连横"或主张"合纵"，用三寸不烂之舌将诸侯玩弄于股掌之间，以谋取个人私利。孟子主张独立人格和自由意志，不能为了个人私利而"低眉折腰事权贵"。在孟子看来，那些风光无限的纵横家就像个"小妾"一样奴颜婢膝，孟子鄙视他们。最关键的是，杨朱、墨家等学派强势扩张，而儒家学派濒临破产、弟子快要跑光，这不能不让以儒家继承人自居的孟子心急如焚。所以他必须出手，维护儒家学说的正当性和正统性，与各家学派展开全面论战，将这些学派打倒在地再踏上一脚。孟子告诉弟子们，以后遇到其他学派，一定不能手软，"今之与杨墨辩者，如追放豚，既入其苙，又从而招之"。"如今与杨家、墨家学说辩论的人，就像追逐那跑到山野的小猪，不仅要关到猪圈里，还要把它捆起来。"

孟子就是这么狠，要把各家学派赶进笼子，还要用绳子拴住，防止他们再跑出来扰乱人心。

把墨家关进笼子

墨子不仅是思想家、天才的科学家，还是个雄辩家，在辩论技巧、逻辑推理方面，与孟子不相上下，可惜墨子在孟子之前去世，只能眼睁睁地看着弟子被孟子血虐。孟子与墨家弟子夷之就展开了一场不见面的辩论。

墨家学派的夷之通过徐辟求见孟子。孟子说："我本来愿意接见，现在我还病着，等病好了，我将去见他，夷子不必来。"

过些日子，夷之又来求见孟子。孟子说："我现在可以接见他了。咱们丑话说在前头，说话不直截了当，道理就显现不出来，我就直说吧。我听说夷子是墨家信徒，墨家是主

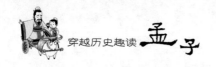

张薄葬的。夷子也想用薄葬来改变天下的习俗，自然认为不薄葬不值得提倡，然而夷子却厚葬自己的父母，那就是用自己所反对、所轻视鄙薄的东西来对待双亲了。"

徐辟把孟子的话告诉了夷子。

夷子说："按儒家的说法，古代君王爱护百姓就像爱护婴儿，这句话什么意思呢？我认为是说，人对人的爱，是没有亲疏远近的区别，只是施行起来先从父母开始罢了。"

徐辟又把这话转告给孟子。

孟子说："夷子真认为爱自己的侄子，就像爱邻人的婴儿一样吗？他只抓住了这一点：婴儿就要掉进井里了，这不是婴儿的过错，这时候不管是谁，都要出手相救，他以为这就是爱无差等，其实是人人都有恻隐之心。况且天生万物，只有一个根源，人只有父母一个本源，然而夷子却主张爱不分差别等级，认为有两个根源。上古曾有不安葬父母的人，父母死了就抛弃在山沟里。后来路过那里，看见狐狸在啃父母的尸体，苍蝇、蚊虫叮咬着尸体。那人额头上不禁冒出汗来，斜着眼不敢正视。汗不是流给别人看的，而是内心的悔恨表露在脸上，他就回家拿来筐和锹把尸体掩埋了。掩埋尸体确实是对的，那么孝子仁人掩埋他们亡故的父母，也就必然有他的道理了。"

徐子把这番话转告给夷子。夷子怅惘了一会儿说，"我受到教诲了。"

在这次辩论中，孟子抓住了夷之行为上的矛盾——墨家主张薄葬，但夷之却厚葬了父母。当孟子批评夷之时，夷之却以儒家主张的"若保赤子"为借口，辩解说"爱无差等，施由亲始"也是儒家所赞同的。夷之的话，事实上也是前后矛盾的。既然爱没有差别等级，就应该从普遍的人来实施推行，就不存在从自己亲人开始的问题。如果从亲人开始，就是有远近亲疏的，就有差别等级。

孟子抓住夷之的理论漏洞猛烈攻击。他指出丧礼的真正内涵不在于财产的多寡，而是源于子女对父母发自内心的真爱。这是人性善所决定的，如果不能厚葬父母，就会产生愧怍之心，而愧怍之心让人的一生不得安宁。孝顺是天下之本，而墨家的"视人之国若视其国，视人之家若视其家，视人之身若视其身"的兼爱精神，实际上是认为天下有两个本原，墨家把他人之父视为己父，削弱了对自己父亲的爱，冲淡了血缘亲情，这就是大不孝，大不孝就是禽兽。

如果墨子在世，想必与孟子有一场惊天地泣鬼神的辩论，但墨子早已作古，弟子的水平很菜，在这一场儒墨的辩论中，孟子把夷之辩驳得体无完肤，竟无言以对了。

墨子为什么成为儒家的"叛徒"？

墨子原来是儒家弟子，因为对儒家厚葬等思想不满，离

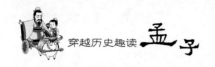

开儒家自创墨家学派，成为儒家学派的敌人。墨家认为儒家思想对社会影响很坏，有四个方面足以丧天下。

墨子说，"儒家有四种足以丧亡天下的学说。儒家认为天不明察，鬼神不神明。天鬼神不高兴，这足以丧亡天下了。他们提倡厚葬久丧，做几层的套棺，制很多的衣服、被子，送葬跟搬家一样，哭泣三年，人扶才能起来，拄了拐杖才能行走，耳朵不听外事，眼睛不见外物，这足以丧亡天下了。又加以弦歌、击鼓、舞蹈，天天唱歌跳舞，这足以丧亡天下了。同时又认为有命，说贫困、富贵、长寿、短寿、治乱安危有一个定数，不可改变。国君实行他们的学说，一定就不从事政治了；老百姓实行他们的学说，一定就不干正事了，这足以丧亡天下。"

墨家一切都以实用为标准，所有不能带来实际效果的形式主义都是扯淡。儒家不信鬼神，那就意味着无知者无畏，没有敬畏意识也就没有底线意识，什么坏事都干得出来；儒家强调厚葬，而墨家认为厚葬就是浪费钱财，守孝三年不干活就是浪费时间；儒家还强调礼乐歌舞，贵族们没事就喝酒唱歌，简直是暴殄天物败坏社会风气；更可恨的是儒家宣扬命定论，使贵族与平民各安其位，泯灭了民众奋发有为、积极向上的斗志。而代表了下层农民和手工业者利益诉求的墨家，当然希望冲破阶层的天花板，打开向上的通道，儒家说一切命定，这就是赤裸裸的欺骗。总之，墨家认为要是按照儒家的这四种学说来治理天下的话，天下离灭亡也就不远了。

儒家对墨家也很不高兴，墨家本来出自儒家，离开儒家做了叛徒，还好意思来指责儒家有四宗罪，这叫欺师灭祖。孟子认为，墨家的"兼爱"，动摇了儒家"仁爱"的原则。儒家的"仁者爱人"，主张"爱有差等"，一个人的爱是有限的，不可能平等分配到每个人身上，爱有先后顺序和轻重缓急，人当以孝悌为本，先爱自己的父母兄弟，然后再爱朋友上级天下人。而墨家却是十足的理想主义者，要把爱平等地给天下每一个人。这就意味着，墨家爱自己的父母与爱天下人是一样的，这种空洞的爱，其实就是不爱，不爱父母就是禽兽。孝是儒家学说的核心原则，事死重于事生，孝的重要表现就是厚葬，而墨家偏偏主张薄葬，这也是和儒家主张的人伦道德过不去。以孟子的暴脾气，他早就想找墨子好好辩论一番了。

杨朱，你为什么不把领导放在眼里？

本来杨朱学派没有主动去招惹儒家学派，不像墨子猛烈抨击儒家学派，还很"毒舌"地取笑儒家弟子，看见哪家死人就开心——有生意上门了，可以去操办葬礼吃吃喝喝了，说这些弟子是发死人财的"贱儒"。孟子批评墨家学派是禽兽，也很"毒舌"，不过这也算是"出乎尔者反乎尔者"。道家学派中，庄子也是个"毒舌"，经常讲故事说寓言批评讽刺儒家，

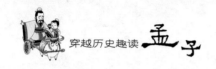
但按照杨朱学派的主张，估计他们不会主动找儒家的麻烦。但杨朱学派在内在逻辑上确实是找了儒家的麻烦，这迫使孟子不得不出手，批评杨朱学派，搞臭杨朱，以维护儒家学说。

杨子名朱，又叫阳生，战国时期魏国人，有人说他是老子的弟子，属于道家一派的隐士。他主张"为我"的人生哲学，以是否对自己有利当作评判是非善恶的标准。孟子在批驳杨朱时，认为"杨子取为我，拔一毛而利天下，不为也"。按此推断，杨朱是一个极端自私自利的人，为了天下的大利，都不肯从自己身上取一根毛。其实孟子这是不厚道地断章取义，在《列子》的记载中，杨朱的原话是这样的：

杨朱曰："伯成子高不以一毫利物，舍国而隐耕。大禹不以一身自利，一体偏枯。古之人损一毫利天下不与也，悉天下奉一身不取也。人人不损一毫，人人不利天下，天下治矣。"

杨朱说："伯成子高不肯拔一毛而有利于他人，因此舍弃王位隐居耕田。大禹不愿为自身谋利，因此劳累过度半身不遂。古人拔下自己的一根毫毛来有利于天下，他也不给，而让普天下来奉养他一人，他也不同意。人人都不拔一根毫毛，人人都不有利于天下，那么天下就治理好了。"

杨朱认为，要是一个人遗世独立不与世界发生任何关系，你不去打扰世界，世界自然不会打扰你。每个人都是独立自由的生命，我不取身体的一毛有利于天下，我也不拿天下的一丝一毫，人就像蚕蛹一样，把自己包起来，"躲进小楼成一统，管他冬夏与春秋"，和世界没有任何关系，这样天下就太平了。爱有时候是残酷的，奉献和索取也是残酷的，用他的同道庄子的话说，就是与其"相濡以沫"的痛苦，还不如"相忘于江湖"的逍遥。在杨朱看来，只有自身肉体和生命的健全、灵魂的圆满才是真正的快乐。

看来，孟子说杨朱是一个极端自私自利的人，还真的是冤枉了他。杨朱的"为我"是建立在不损人利己的理想基础上的"贵己"和"重生"。在杨朱看来没有什么比生命的健全和精神的自在更可贵了，滔天的富贵、熏人的权势，在自由的生命面前不值一提。杨朱的利己主义，只求生命的自足、精神的自由和灵魂的安宁，不把自己的幸福建立在他人的痛苦之上，照此理想，天下也就平安无事了。

但杨朱的"利己主义"，在逻辑上必然引来目无尊上的无政府主义，这就是破坏了儒家强调的"君君臣臣父父子子"的尊卑秩序。杨朱认为每个人都是至高无上的个体，不名一文的穷人与号令天下的君主，都是平等的。你不要为了自己的利益而剥削我，我不必为了你的利益牺牲我；你是你生命的君主，我是我身体的皇帝，大家相安无事天下太平。这种理论完全消解了王权的正当性和必要性，所以无论是儒家还是法家，都对杨朱大加挞伐。韩非子就怒气冲冲地说：

"假定有个人，坚决不进入危险地区，不参军打仗，不愿拿天下的大利来换自己小腿上的一根毫毛，君主却优待他，

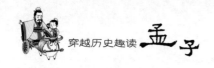

看重他的见识，赞扬他的行为，认为他是轻视财物爱惜生命的人。君主所以把良田和宽宅拿出来作为赏赐，设置官爵和俸禄，为的就是换取民众去为他拼死效命；现在君主既然尊重那些轻视财物爱惜生命的人，再想要求民众出生入死为国事作出牺牲，就根本不可能了。"

在韩非子看来，杨朱的思想简直大逆不道，不仅不服兵役，还轻视君主给的高官厚禄。君主拿出来的高宅大屋高官厚禄，是用来等价交换生命的，杨朱把个人的生命看得太重，如果人人都是这样，没有人为君主效命，那君主真的成了孤家寡人了。

孟子说杨朱不肯牺牲自己的一根毛发来让天下人得利，是一个极端自私自利的人；韩非子说杨朱是拿天下的大利换我的一毛发，我也不换，我的身体和生命是最重要的，物质利益对我来说是无关紧要的，这叫"轻物重生"。可见，在孟子眼里，杨朱极端自私自利，而韩非子说杨朱大概就是一个视功名富贵如浮云如粪土的隐士，是一个不把领导放在眼里的无政府主义者

孟子断章取义的做法很不厚道。但对论敌和风细雨，这不是孟子的风格。

推己及人和推己及狗

孟子反对杨朱的原因很多。首先，杨朱学派的影响力急剧上升，儒家好多弟子都跑到杨朱那里去了，严重蚕食了儒家在战国思想市场上的份额。其次，儒家强调仁者爱人，人要爱别人爱社会。孟子强调人所以不是禽兽，就在于人有伦理道德观念，只有禽兽才会只重视生命而不顾及其他，而杨朱的"为我"和"贵己"就是赤裸裸的自私自利的行为。第三，孟子提倡公义，为了天下公义人甚至可以舍生取义，而杨朱学派只重视生命，把天下大利和社会公义抛诸脑后，这是极端不负责任的行为。更为重要的是，孟子说杨朱的"为我"就是"无君"，不把君主当盘菜，不把领导放在眼里，就是大逆不道。

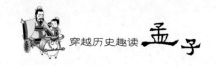

儒家讲究以礼治国，礼就是上下尊卑的社会秩序，杨朱"为我"主张"拔一毛利天下而不为"，这让儒家的"礼"无法实现，孟子当然要批驳并进而大失风度地骂杨朱是禽兽了。

其实，杨朱和孟子还是可以做朋友的，因为他们都主张推己及人。孟子的性善论要求君主能推恩于人，这样就能施行仁政；而杨朱比孟子的境界更高了一层，他甚至要求人要推己及狗。

杨朱的弟弟杨布外出时穿白衣，遇到下雨，便换了件黑衣，回家时他的狗竟不认得主人了，狂吠起来。杨布气得要打狗，杨朱却说："你不要打它。如果这狗在出外时为白色，回来却变成了黑色，难道你不同样感到奇怪吗？"

看来杨朱不仅认为人的生命和灵魂的自由是宝贵的，即使是狗，也有狂吠的自由，这叫推己及狗；而孟子也主张仁人爱物，推己及物，所以孟子和杨朱应该可以手拉手做朋友。

嫂子掉进水里到底救不救？

孟子好辩，诸子百家的学者们看见他就头大。但孟子也有头晕的人，就是著名杂家学者、滑稽大师淳于髡。

孟子和淳于髡是同事和竞争对手。在稷下学宫，孟子的学生规模达到数百人，淳于髡则有数千个弟子；孟子在齐国享受国策顾问的待遇，淳于髡是太子老师和外交家，很显然地位和名气高了孟子一头。

淳于髡很不待见孟子，随时找机会攻击他的仁政和王道的政治主张，浇灭孟子那"说大人而藐之"的嚣张气焰。

淳于髡和孟子的辩论，是嫂子掉进水里要不要用手拉上来的问题。在现代社会这不是问题，嫂子掉进水里不去救，会被你哥痛揍，还要被别人骂作禽兽。但在战国时期这又是一个大问题，这源于儒家坚守的"男女授受不亲"的"礼"。

淳于髡问孟子，"男女之间不用手递受物品，这是礼吗？"

孟子说，"毫无疑问是礼。"

淳于髡问，"如果嫂子掉进水里，小叔子应该用手去救吗？"

孟子说，"那当然要用手去救了，不去救就是豺狼。不用手传递物品是礼，是常态情况；而嫂子掉进水里是特殊情况，用手把嫂子拉上来是在特殊情况下的权宜之计。"

淳于髡说，"天下的人都掉进水里，你为什么不去救？"

孟子说，"天下人都掉进水里应该用道去救，难道你要用手一个一个拉他们上来？"

雄辩的淳于髡一上来就问了一个两难的问题。既然儒家认为男女授受不亲，递东西的时候连手都不许碰，那么自己嫂子掉进水里，该怎么办？如果孟子坚持男女授受不亲，那就不能用手把嫂子救上来，见死不救，孟子就是禽兽；如果孟子用手把嫂子救上来，那就否定了"礼"，孟子就是伪君子。

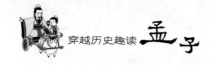

　　这难不倒孟子，他最擅长这类两难问题的辩论，秘诀是以我为主转移焦点。在和告子的辩论中，告子说白马的白和白人的白相同，这是事实判断。但孟子马上转移焦点，问告子难道老马的老和老人的老是一样吗？这是从事实判断转到了价值判断。在和淳于髡的辩论中，孟子再次运用"乾坤大挪移"的方法，淳于髡说的用手救嫂子是伦理问题，而拯救天下是政治问题；男女授受不亲是基本原则，而嫂子掉进水里是特殊情况，特殊情况当然要特殊对待，这叫作"执中行权"。执中就是坚守一种原则，行权就是具体情况具体分析，做出适当的改变。

儒家思想家都是偏执狂吗？

　　在大部分人的印象中，儒家学者是一群固执不懂灵活变化的老夫子，孔子"知其不可为而为之"，孟子也是一个九头牛也拉不回来的人。因为无论何时何地，孟子总是坚持仁政和王道理想，坚持人性善，坚持"人皆可以为尧舜"。无论在哪个国家，他总是不厌其烦其宣扬仁政和王道。在和齐宣王的交锋中，无论齐宣王说自己贪财好勇还是好色，孟子总能把话题绕到仁政上去，这简直不要太固执。其实这误解了儒家思想，也误解了孟子。

　　儒家是一个理性务实的学派，强调通权达变，在社会公义面前，人应该坚守原则和底线；但在特殊的情况下，儒家倡导在适当的范围内、条件允许的情况下，做出适当的改变。孔子就善意地提醒人们，"毋意、毋必、毋固、毋我"，不主观臆断，不绝对看事情，不墨守成规，不自以为是。如果为人处事做到这几点，就学会了客观、全面、变化地看待事情、处理事情，坚守原则而不固守陈规懂得权变，生活自然能左右逢源悠然自得。在《论语》中，孔子说：

"被遗落的人有：伯夷、叔齐、虞仲、夷逸、朱张、柳下惠、少连。孔子说：'不降低自己的意志，不屈辱自己的身分，这是伯夷叔齐吧。'说柳下惠、少连是'被迫降低自己的意志，屈辱自己的身分，但说话合乎伦理，行为合乎人心'。说虞仲、夷逸'过着隐居的生活，说话很随便，能洁身自爱，离开官位合乎权宜'。'我却同这些人不同，可以这样做，也可以那样做。'"

孔子说好多隐士、逸民都有自己的优点和缺点，身上有明显的标签，他们都是死守一种原则的人，而自己却不同，可以具体情况具体分析，可以这样做，也可以那样做。所以，孔子是一个圆通而不圆滑，坚守底线但不固执己见的人。

孟子最崇拜孔子"时中"的精神，所谓"时中"，就是与时俱进，能够根据外界环境的变化，在"中"即原则的基础上，及时调整自己的行为。

孟子说，孔子可以出仕就出仕，可以退隐就退隐，能长

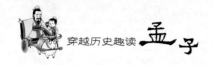

久干就长久干，能迅速果断就迅速果断。孟子很崇拜孔子的这种灵活机动、通达权变的做法，最大愿望就是学习孔子。

舜为什么擅自谈恋爱？

孟子既主张"执中"，又主张"行权"，人既要坚守原则，又不能固执己见在一棵树上吊死。舜是孟子尊崇的圣人，但总有人拿舜的过去说事，因为在他们看来，舜也不是那么洁白无瑕，因为他没有报告父母，就把尧帝的两个女儿娶回了家。儒家强调考，这也就意味着一切事情必须向父母汇报，特别是婚姻大事上，必须遵从"父母之命、媒妁之言"，否则就是不守礼数。

这一次，万章拿孟子崇拜的圣人开刀——舜是大孝的典范，但舜没有禀告父母，就自作主张地结了婚，这就是不孝。

万章问："《诗经》上说：'娶妻应该怎么办？必须禀告父母。'如果这话是真的，舜应该最遵守这句话。可是舜没有报告父母就娶妻了，这是为什么呢？"

孟子说："禀告就娶不成了。男女结婚，是人生的重大伦常。如果禀告了，就要废弃这个伦常，从而就会怨恨父母，所以大舜没有报告父母。"

万章说："舜不禀告父母而娶妻，我懂了；帝尧嫁女儿给舜而不通报舜的父母，这又是为什么呢？"

孟子说："帝尧也知道如果告诉了舜的父母就不能把女儿嫁给舜了。"

万章指责舜不孝，尧不懂礼数，而孟子恰恰认为，舜和尧都是通达权变的人。因为舜家庭很特殊，父母和弟弟一心想搞死舜，怎么可能还让他娶老婆呢？尧也知道要是和舜的瞎眼狠心的父母商量这门婚事的话，那婚事肯定黄掉。尧帝也不是个死守原则的人，否则，舜可能打一辈子光棍，自己的两个女儿可能就成"剩女"啦。

所以，孟子认为，做事一定要分清楚轻重缓急，具体情况具体分析，这才是明智的人生态度和处事方式。

孟子说："智者没有不该知道的，但急于当前重要工作；仁者没有什么不亲爱的，但务必先爱亲人和贤者。尧舜的智慧不能遍知所有事物，是因为他急于去做眼前的大事；尧舜的仁德不能遍爱所有的人，是因为他急于去爱亲人和贤者。如果不能够施行三年的丧礼，却讲求缌麻三月、小功五月的丧礼；在尊长面前进餐，大口吃饭，大口喝汤，却讲求不用牙齿咬断干肉，这就叫不识大体。"

在孟子看来，杨朱主张为我，我就是一切；墨子主张兼爱，世界就是一切，这就是太偏执而不识大体。尧、舜、孔子"执中行权"，懂得通达权变，就是识大体的圣人。

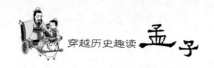

动机与效果哪个重要？

周游列国游说诸侯，孟子的待遇和排场要比孔子好得多。孔子带着几辆牛车，几十个衣衫褴褛面有菜色的弟子，场面很寒酸，甚至有些悲壮。他们在陈国的边境绝粮七日，饿得眼冒金星，连最忠心耿耿的弟子子路都有点怀疑人生。而孟子的境况就好得多。他游说诸侯，经常带着几十辆车几百个弟子，气势隆重气场强大。无论在哪个国家，孟子基本上生活小康，不是高官就是厚禄，在齐国甚至年收入上百万，一下子从贫穷步入小康生活。

但总有人认为孟子是吃白食不干实事的江湖骗子——毕竟孟子的仁政和王道无人理睬，不仅从来没有干成过一件惊天动地的大事，还不断从一国吃到另一国，起码淳于髡就是这样认为的。这样的看法在当时很有市场，连弟子彭更都这样认为。彭更认为，种地的农民和手工艺人，辛勤劳动是为了养家糊口，而孟子和师兄弟们可都是知识分子，知识分子应该是"谋道而不谋食"的。现在孟子也没有干过什么实事，还整天气势浩大地到处吃白食，这样很丢人。于是他和孟子有了下面一场精彩的辩论。

彭更觉得老师很过分，整天带着他们大规模吃吃喝喝，正事一件也没做，这就是吃白食。

孟子也很生气，彭更跟着自己那么久，还是个榆木脑袋，竟然认为老师是超级江湖大骗子。

孟子说："如果不合理，就是一篮子饭也不能接受；如果合理，舜接受了尧的天下也不过分。——你说过分吗？"

彭更说："我不是这个意思。我觉得读书人不劳动而白吃饭，是不对的。"

孟子说："你如果不互通有无交换各行业的产品，用多余的来补充不足的，农民有多余的粮食没人吃，妇女有多余的布没人穿。你如果互通有无，那么木匠车工都可以从你那里得到吃的。有人在家孝顺父母、出门尊敬长辈，奉行先王的礼法道义，培养后代的学者，却不能从你那里得到吃的。你怎么可以尊重木匠车工却轻视奉行仁义道德的人呢？"

孟子认为社会有分工，从事体力劳动的人，职责是从事物质生产；从事脑力劳动的人，职责是生产精神产品，虽然精神产品看不见摸不着，但价值不在物质产品之下。彭更竟然认为只有体力劳动者有权利吃饭活下去，难道从事精神生产的人就活该饿死？或者说你让我这个老师活活饿死？孟子很生气。

而彭更认为，体力劳动者的层次比较低，追求吃饭睡觉苟且活着，这很正常，难道知识分子也只追求吃饭睡觉苟且活着？不是说除了苟且，还有"诗与远方"吗？老师不也说过"士志于道"吗？

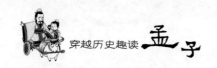

彭更说："木匠车工，他们干活的动机就是为了求饭吃。读书人研究学问，其动机也是为了求饭吃吗？"

孟子一想，彭更果然是自己的弟子，学会转移话题了，这讲的是心理动机和客观效果的问题，孟子是个雄辩的哲学家，这样的哲学问题，对孟子来说，"天空飘来五个字，那都不是事"。

孟子说："你为什么以动机来看问题呢？只要他们对你有效果，应该给吃的，那就给吃的罢了。况且，你是论动机给吃的呢？还是论效果给吃的呢？"

彭更说："论动机。"

孟子说："比如有一个人，把屋瓦打碎，在新刷好的墙壁上乱画，但他的动机是为了弄到吃的，你给他吃吗？"

彭更说："不。"

孟子说："那么你就不是论动机，而是论效果的了。"

这段精彩的辩论，其实说了两个问题。一是社会分工的问题。孟子清醒地认识到，有体力劳动者，叫"劳力者"；有智力劳动者，叫"劳心者"。有了社会分工，社会资源才会互通有无流通起来，社会才会向前发展。第二是动机和效果的问题。儒家学说总的倾向是重动机轻后果，认为只要动机正确，至于功利性的效果，基本上可以不去考虑。

从这段精彩的辩论中，我们知道孟子是主张效果论的，这个观点与"性善论"有深刻的关联。孟子认为人内心有天赋的四种善端，即人的良心本心，按照这个逻辑推论，人人都可能成为善人。从理论上说，每个人的动机都应该是善的，因此没有必要去考虑动机的问题，而只需要看人行为的效果。主张性自私论的法家，在这个问题上与孟子有惊人的一致。法家认为人人都是自私自利的，在利益面前必然趋利避害损人利己，动机也必然都是恶的，同样没有必要去考虑动机的问题，只要看人做事的实际效果即可。

这并不是说我们做事不需要考虑动机了，毕竟孟子的性善论和法家的性自私论都是假设。目的正大光明，人的行为就会沿着正义而行，结果一般来说是好的；目的是坏的，一般来说会带来坏的结果。但人生总是充满辩证法，好心可能办成坏事，坏心也有办成好事的时候。因此，动机和效果是一对需要我们认真思考、辩证地看待的复杂问题。但不管怎么说，树立正确的动机和初心，是我们做人做事的第一步。

又要干活又要治理国家，这个怎么破？

在孟子与各学派的辩论中，最精彩的是与农家学派的辩论，在这次辩论中，孟子不仅系统地阐述了社会分工和经济分工的理论，顺带着还把欺师灭祖的儒家学派的叛徒陈相痛骂了一顿。

农家创始人叫许行，是楚国人。他假借神农的言论，创

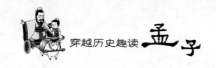

立了农家学派。农家学派的核心思想是任何人都要劳动，就是国君也不能偷懒。就像柏拉图主张哲学家治国一样，农家希望国君是精通农业技术且带头耕种的劳动模范。因为在农家学派看来，所有不劳而获的人都是可耻的。只要人人参加劳动，君民共同耕种，大家都自食其力，不求别人也不去剥削别人，就能实现"天下均平"。这是劳动者朴素的平等理念，但也是镜花水月的理想主义。

农家学派的理想主义色彩，注定了它在历史上无法立足，只能昙花一现而已。因为上层社会特别是国君们强烈反对，好不容易得了江山，还得一夜回到解放前，面朝黄土背朝天做劳动模范，这个事他们不干。孟子也强烈反对农家的观点，社会需要分工，有劳力者有劳心者，要是大家都是劳力者，那干脆退回到刀耕火种的上古社会好了。

许行带着弟子去滕国，承包了一块地，日出而作日落而息，过着田园牧歌般的生活。许行还要滕文公也一起来种地，滕文公觉得田园牧歌固然很"诗与远方"，但绝对比不上在庙堂上发号施令来的过瘾。许行倒是吸引了原来是儒家弟子的陈相，带着弟弟也来到滕国，和儒家说再见，成为许行忠实的门徒。

陈相见到孟子后，竟然想"策反"孟子，向孟子讲述许行的思想，批评滕文公不贤明，因为他不和老百姓一起干农活。孟子当然反对，因为他正在劝说滕文公推行仁政，要是滕文公跟着许行去种地，哪还有时间去行仁政？

作为一个哲学家，孟子考虑的是国家天下的福祉，用的是系统性思维，考虑的是如何正本清源拯救人心，他有责任批判农家学派天真的理想主义。于是一场精彩的辩论就此展开。

孟子说："许先生一定要吃自己种的庄稼吗？"

陈相回答："对。"

"许先生一定要穿自己织的布吗？"

回答："不，许先生只穿粗麻衣服。"

"许先生戴帽子吗？"

回答："戴。"

孟子问："戴什么帽子呢？"

回答："戴白帽子。"

孟子问："他自己织的吗？"

回答："不是，是用粮食换来的。"

孟子问："为什么不自己织呢？"

回答："因为怕误了农活。"

孟子问："许先生用锅做饭，用铁器耕种吗？"

回答："是的。"

孟子问："他自己做的吗？"

回答："不是，是用粮食换的。"

孟子于是说："农夫用粮食换取锅、瓶和农具，不能说

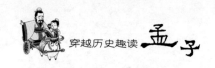

是损害了瓦匠铁匠。瓦匠和铁匠用锅、瓶和农具换取粮食，难道就能说是损害了农夫吗？而且许先生为什么不自己烧窑冶铁做成锅、甑及各种农具，什么东西都放在家里随时取用呢？为什么要一件件地去和各种工匠交换呢？为什么许先生这样不怕麻烦呢？"

陈相回答："各种工匠的事情当然不是可以一边耕种一边同时干得了的。"

"那么治理国家就偏偏可以一边耕种一边治理了吗？官吏有官吏的事，百姓有百姓的事。况且每个人所需要的生活资料，都要靠各种工匠的产品才能齐备，如果都一定要自己亲手做成才能使用，那就是率领天下人疲于奔命。所以说：有的人脑力劳动，有的人体力劳动；脑力劳动者统治人，体力劳动者被人统治；被统治者养活别人，统治者靠别人养活，这是天下通行的原则。"

这段辩论清晰地体现了孟子辩论的技巧。他不正面发表自己的观点，而是抓住对方错误的观点，从看似与辩论主题不相干的事情入手，层层设问步步紧逼，直到对方的观点和逻辑陷入山穷水尽时，孟子才摆出观点，如小李飞刀一般见血封喉一击致命。

追问是辩论的重要技巧。孟子一直追问陈相，从许行穿的衣服戴的帽子是不是许行亲自做的说起，再说到许行用的铁器、农具和锅碗瓢勺等，也是拿粮食换来的。孟子追问陈相，许行为什么不亲自去做？陈相只好说"百工之事，固不可耕且为也"，老师许行忙着种地，根本没有时间去做木匠、铁匠和瓦匠的活。这就是孟子想要的话，被陈相完美无瑕地表达出来。

陈相被辩驳得无言以对，但他还不肯认输。因为在他看来，如果遵从许行的理想，上市场去买菜是最为惬意的事情，因为货物无论好坏贵贱，都是一个价，没有贵贱就没有欺骗，没有欺骗社会就不会陷入动乱。

陈相说："如果按照许先生的学说，市场价格就会统一，人人没有欺诈，就是打发小孩子去市场，也不会被欺骗。布匹丝绸的长短一样，价格也就一样；麻线丝绵的轻重一样，价格也就一样；五谷的多少一样，价格也就一样；鞋子的大小一样，价格也就一样。"

孟子说："各种东西的质量和价格不一样，这是很自然的，有的相差一倍五倍，有的相差十倍百倍，有的甚至相差千倍万倍。您想让它们完全一样，只是搞乱天下罢了。一双粗糙的鞋子与一双精致的鞋子价格完全一样，人们难道会同意吗？听从许先生的学说，是率领大家走向虚伪，怎么能够治理好国家呢？"

许行的思想看似平等，其实很愚蠢很虚伪。谁都知道一只速成鸡与一只草鸡的价格不一样，你想用速成鸡的价格买到草鸡，要么是想占便宜要么是异想天开。孟子指出，"夫

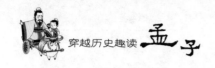
物之不齐，物之情也"，事物本来是千差万别的，有自己的本质属性。用经济学原理来说，价值决定价格，价格是商品内在价值的外在体现。按照许行的观点，质量好坏都一个样，谁会去制造质量高的商品呢？势必造成人人都去制造假冒伪劣产品，在平等的外衣下笼罩着的是一个个奸商的嘴脸。貌似平等实则欺骗，这样怎么能治理好国家呢？

在这两段辩论中，孟子第一次系统地阐述了社会分工的思想，用"物之不齐，物之情也"的规律，反对"市价不二"的平均主义，显示了一个哲人博大精深的思想。他不仅是哲学家，还是一个有远见卓识的政治家和经济学家。他赞成社会合理分工、鼓励产品公平交换，大力保护和积极发展工商业，既促进经济发展有利于民生，又维持社会经济生活秩序，他的创见可谓前无古人。

　　阅读是人类的宿命和使命。而美丽的阅读应是读者和作者的"同频共振"，从而让阅读成为"悦读"，达到"春水初生，春林初盛""春风十里，不如读你"的奇妙境界。

　　我写这本书就是冲着这个境界去的，虽然这种境界殊为难得。我知道总有读者并不那么喜欢《孟子》，因为它是语文课上背诵的噩梦。它不如《论语》那样娓娓道来；不像唐诗宋词那样温婉迷人，但作为中国人，我们应该读读孟子。

　　孟子的一生，是开挂的一生。孟子的偶像是孔子，最终成为孔子之后最伟大的儒家思想家，他们的思想被称为孔孟之道。从粉丝做到和偶像平起平坐，这就是开挂的人生。

　　孟子以"平治天下"的理想，以"舍我其谁"的自信，以"欲正人心"的担当，游说诸侯几十年推行仁政王道，虽理想破灭，但历史已经证明，孟子的思想至今仍然熠熠生辉。能用思想影响人类社会的发展，这就是开挂的人生。

　　孟子是"贫贱不移、富贵不淫、威武不屈"的大丈夫。

他始终秉承"贤尊于势"的理念，"说大人而藐之"。各国君主被他怒怼却又毕恭毕敬，想干掉他又干不掉，这就是开挂的人生。

孟子是个天才的辩论家。用滔滔雄辩打败墨家、法家、农家和纵横家，建立起宏大的儒家思想体系，这就是开挂的人生。

孟子是个极具慈悲胸怀的思想家。他天才地发明并系统阐述了性善论，告诉人们"人皆可以为尧舜"，勉励人们存心养性为善向善，他的思想已经渗透进我们的血液，成为中国人的文化性格，这就是开挂的人生。

孟子开挂的人生故事还有很多，我都写进了这本书中。我确信，这本书和你以前看过的书大有不同。首先，我想把复杂的事情简单化，让阅读不再头大。我追求通俗但不庸俗低俗，风趣幽默但不油嘴滑舌的叙事方式，把传统文化搞得好玩，激发对传统文化的兴趣，最好看了本书后成为孟子的粉丝。

其次，在这本书中，我用三分之一的篇幅讲述了孟子的故事，另外的篇幅其实在讲孟子和先秦时代诸子百家的哲学。哲学是个好东西，它看起来没用，其实是无用之大用，因为哲学是提升人生智慧的学问。因此，这是一本轻松有趣的先秦哲学史，你将在会心一笑中获得物超所值的阅读感受。

第三，很明智的是，我没有走注释加翻译的路子。因为这条路挤满了古代先贤和现当代的大家们。于是我将《孟子》打乱揉碎，再把它们安放在孟子的故事和战国时代的背景中，在故事中阐述思想，在思想中解读人生。古文功底高，看了这本书后，古文水平会更高；不高的，古文水平会提高。我有时候总是这么自信，这也是孟子教给我们的人生哲理。

写作这本书的艰辛一言难尽。当我打下书稿最后一个字的时候，我有种坐地飞升的感觉。彼时，晨曦微露，窗外的月季开的肆无忌惮，暮春时节，我感到快乐在疯狂生长。有什么比实现人生夙愿更美的心境呢。我始终认为，中国人应该去读读孟子；作为一个有志于传承传统文化的作家，应该写写孟子。因为孟子发明的"良心"已经成为中国人文化心理中最为闪亮的部分，他是中国知识分子的良心。

最后，我要用虔诚的姿态，感谢那些帮助过我的老师和朋友们。感谢著名孟子研究专家，陕西师范大学古典文献暨辞书编纂研究所所长、文学院教授，博士生导师周淑萍先生；她审读了我的书稿，在高度肯定的同时，为我指出文稿中的偏颇和错漏之处；感谢未来出版社的马鑫主任、吕振经老师，为这本书的出版殚精竭虑；感谢我几个朋友，在我抓耳挠腮"拈断数茎须"的时候，在我灵感迸发"下笔如有神"的时候，找我喝酒，他们总是相信"李白斗酒诗百篇"的传说，但他们忘了，我与李白差了一个仙人的距离。他们在我人生灰暗或明亮的时刻，与我浮一大白，那种快乐无可言说。感谢东汉的郑玄、南宋的朱熹、陆九渊和现代的钱穆、冯友兰等先生，感谢当代孟子研究领域诸位著名教授、专家，我从他们的煌煌大作中得到了很多教益。我没有在文中一一列举他们的学说和观点，其实我想表达的是一个朴素的理念——大恩不言谢！

　　最后，感谢我的读者们，当你看到这最后一行字的时候，已经确认过眼神，我们遇上了对的人！

文溪

2019 年 4 月

参考书目

1.《孟子评传》杨泽波著

南京大学出版社　　　　　　2011 版

2.《孟子评传：走向内圣之境》杨国荣著

广西教育出版社　　　　　　1994 版

3.《中国思想家评传简明读本：孟子》徐兴无著

南京大学出版社　　　　　　2008 版

4.《孟子精读》徐洪兴著

复旦大学出版社　　　　　　2010 版

5.《孟子直解》徐洪兴著

复旦大学出版社　　　　　　2004 版

6.《孟子解读》梁涛著

中国人民大学出版社　　　　2010 版

7.《孟子旁通》南怀瑾著

复旦大学出版社　　　　　　2003 版

8.《孟子大传》刘鄂培著

清华大学出版社　　　　　　1998 版

9.《大儒列传：孟子》吴乃恭著

吉林文史出版社　　　　　　1997 版

10.《那一个孟子：在执著与圆通中创新的实践经典》姜城著

中国华侨出版社 2007 版

11.《孟子十日谈》关桐著

安徽文艺出版社 1997 版

12.《从海德格尔、老子、孟子到当代新儒学》袁保新著

武汉大学出版社 2011 年版

13.《孟子译注》杨伯峻著

中华书局 2005 版

14.《孟子》朱熹注

上海古籍出版社 1987 版

15.《孟子现代版》徐克谦著

上海古籍出版社 2001 版

16.《中国哲学史》郭齐勇著

高等教育出版社 2006 版

17.《中国哲学史》冯友兰著

华东师范大学出版社 2015 版

18.《中国人生哲学》方东美著

中华书局 2012 版

19.《快乐的哲学：中国人生哲学史》钱宪民著

　　南京大学出版社　　　　　　　1992 版

20.《中国儒学发展史》尚斌，任鹏，李明珠著

　　兰州大学出版社　　　　　　　2008 版

21.《从圣贤人格到全面发展—中国理想人格探讨》朱义禄著

　　陕西人民出版社　　　　　　　1992 版

22.《中国文化历程》余国瑞著

　　东南大学出版社　　　　　　　2011 版

23.《中华文化史》冯天瑜，何晓明，周积明著

　　上海人民出版社　　　　　　　1990 版

24.《天人之际 中国哲学十二讲》胡伟希著

　　云南人民出版社　　　　　　　2005 版

25.《直观整体：中国人的哲学智慧》曹兴主编

　　民族出版社　　　　　　　　　2005 版

26.《中国哲学及其文化底蕴》杨志明著

　　云南大学出版社　　　　　　　2002 版

27.《儒道人生哲学》邵汉明著

　　吉林教育出版社　　　　　　　1992 版

28.《中国古代思想史论》李泽厚著

人民出版社　　　　　　1986 年版

29.《两宋孟学研究》周淑萍著

人民出版社　　　　　　2007 年

30.《孟子简论》周淑萍著

陕西人民教育出版社　　2008 年

31.《大家精要：孟子》周淑萍著

云南教育出版社　　　　2009 年